守护生活的民法典

解决身边的法律问题

福建旭丰律师事务所
FM99.6 厦门综合广播《新闻招手停》
联合出品

王桂英
刘福来
主编

法律出版社
LAW PRESS · CHINA
北京

图书在版编目(CIP)数据

守护生活的民法典：解决身边的法律问题 / 王桂英，刘福来主编. -- 北京：法律出版社，2022
ISBN 978-7-5197-7101-0

Ⅰ. ①守… Ⅱ. ①王… ②刘… Ⅲ. ①民法-法典-基本知识-中国 Ⅳ. ①D923.04

中国版本图书馆 CIP 数据核字(2022)第 173916 号

守护生活的民法典
——解决身边的法律问题
SHOUHU SHENGHUO DE MINFADIAN
—JIEJUE SHENBIAN DE FALÜ WENTI

王桂英 刘福来 主编

策划编辑 朱海波
责任编辑 朱海波
装帧设计 汪奇峰

出版发行 法律出版社
编辑统筹 法律应用出版分社
责任校对 邢艳萍
责任印制 刘晓伟
经 销 新华书店

开本 A5
印张 11.5 字数 350 千
版本 2022 年 11 月第 1 版
印次 2022 年 11 月第 1 次印刷
印刷 天津嘉恒印务有限公司

地址：北京市丰台区莲花池西里 7 号(100073)
网址：www.lawpress.com.cn
投稿邮箱：info@lawpress.com.cn
举报盗版邮箱：jbwq@lawpress.com.cn
销售电话：010-83938349
客服电话：010-83938350
咨询电话：010-63939796

书号：ISBN 978-7-5197-7101-0
定价：58.00 元
凡购买本社图书，如有印装错误，我社负责退换。电话：010-83938349

守护生活的民法典

编委会

（按汉语拼音顺序排列）

CONTENTS

目 录

Part ONE

第一编 婚姻家庭

Part TWO
第二编 合同编

Part THREE

第三编　物权编

Part FOUR
第四编 侵权责任编

Part FIVE

第五编 人格权

Part One

第一编 婚姻家庭

1

001

民法典为家务劳动“明码标价”——从北京市房山区人民法院离婚家务补偿第一案谈谈民法典时代下的离婚救济制度

FM99.6 厦门综合广播《新闻招手停》第 1 期

主持人：海蕾

主讲人：刁玫律师*、庄幼留律师**

热点问题发现

我家务劳动干得多，离婚时能“多劳多得”吗？

常见问题解答

问 家务劳动补偿制度是《民法典》新增的内容吗?

答 家务劳动补偿制度不是《民法典》颁布之后才有的,早在 2001 年的《婚姻法》就有关于家务劳动补偿制度的规定,但当时该制度适用的前提必须是夫妻双方书面约定分别财产制。分别财产制是指结婚后的所得归各自所有。所以分别财产制度下的家务劳动补偿已施行 20 余年,但是在司法实务中,因为很少有家庭会书面约定分别财产制,所以之前的家务劳动补偿制度的适用率很低,因此也被称为"沉睡的家务劳动补偿制度"。在《民法典》正式实施前,我们曾经做过近 10 年福建省家务劳动补偿案件的大数据分析,可以检索到的福建省内与家务劳动补偿有关的案件 36 件。提出家务劳动补偿的案件一般会有这些情形:如存在一方长期外出务工或离家外出等,另一方在照顾家庭上付出较多义务;又如夫妻分居生活期间各自所得处于各自保管和使用的状态就参照原《婚姻法》第 40 条来补偿;再如,协助另一方工作或双方共同经营,一方付出更多义务等这些情况的,部分法院根据案件情况通过对原《婚姻法》第 40 条扩张解释来适用家务劳动补偿,但还是无法有效地保护婚姻中负担较多家务劳动一方的权益。

问《民法典》修改了家务劳动补偿制度后带来了哪些积极的作用？新的家务劳动补偿制度的适用面是否变宽了？

答 适用面更宽了，现在不管是在哪一种财产制度下都可以适用家务劳动补偿制度。家务劳动补偿制度的积极意义在于首先肯定了家务劳动的经济价值，肯定了付出更多义务一方的时间成本、人力成本、职业机会成本等产生的经济价值。其次鼓励男性更多地分担家务劳动。最后可以更好地平衡夫妻利益。婚姻双方作为一个共同体，比如，妻子相信丈夫事业上的成就是为了整个家庭更好的发展，为此妻子愿意牺牲自己的时间、精力和机会成本，更多地去承担照顾家庭的责任，并为丈夫获取文凭、职务晋升等提供生活上的照顾、精神上的支持等。那么如果双方离婚了，负担较多家庭义务而减少自我发展机会的那一方，就可以通过家务劳动补偿弥补离婚后可能会面临的经济方面的困境，也就弥补了双方利益失衡的情况。

问 家务劳动补偿的数额如何确定？要从哪些角度来考虑？

答 家务劳动补偿的数额可从以下几个因素综合考虑：第一，一方照顾家庭投入的时间和精力，而另一方未照顾家庭时间的长短。第二，结婚时间的长短。第三，当地的实际生活水平。第四，家务贡献方此前的学历和收入情况，因照顾家庭丧失机会的情况；另一方的学历、收入、职务等提升情况。第五，离婚后双方的收入及就业能力情况等。

问 **如果请求家务劳动补偿的一方,同时他(她)又对夫妻感情破裂有过错,比如女方全职在家带小孩,空闲的时候沉迷网络赌博,欠下巨额赌债,男方以此提出离婚,那么女方能否就在抚育子女方面付出更多义务要求家务劳动补偿呢?**

答 这是两个不同的问题,不能因为家务劳动贡献方是过错方,就剥夺其请求家务劳动补偿的权利。下期节目我们会继续谈论离婚救济的三大制度,一个就是现在提到的家务劳动补偿制度,另外两个是离婚损害赔偿制度和离婚经济帮助制度。对于婚姻破裂有过错的,没有过错的一方可以通过离婚损害赔偿制度来救济。对于离婚后生活困难的,可以通过离婚经济帮助制度来救济,三项制度都有其严格的适用条件。

问 **一方因另一方的家务劳动贡献获得的工作晋升机会、学历提高等这些无形的财产是否可以纳入家务劳动补偿的范畴?**

答 个人认为可以纳入,这属于夫妻间的无形财产,很有必要纳入家务劳动补偿的范畴。比如,妻子将更多的时间和精力放在照顾家庭、负担更多家务劳动,牺牲了个人的发展,而丈夫的学业或事业得到更好的发展,可以称为"人力资本增值"。

问 **对于学历、资格证书等无形的财产,在实践中要如何纳入家务劳动补偿的范畴,如何计算?**

答 厦门市湖里区人民法院曾经处理过这样的案件,女方结婚后全职在家照顾家庭和小孩，男方把精力放在事业上，一路考取了博士，博士毕业后在国外的某研究机构工作，收入颇丰。后来男方提出离婚，女方很不甘，女方请求对自己婚后照顾家庭等付出进行补偿，厦门市湖里区人民法院认为文凭（学历）或专业资格也是代表当事人一方的收入能力，就根据当事人申请对男方进行“人才评估”。最后根据评估的结果给予女方补偿。不过，现实中就前述“人力资本增值”所带来的更高的收入是否可以实现其实是存在不确定性的。同时，“人才评估”等人力资本价值的鉴定方法，也存在人身属性较强、门槛较高、市场还不成熟的现实情况，虽然厦门市湖里区人民法院有案例，但是对于这些无形的财产，能否采取预期收益补偿的方法，也存在现实困难。

问 根据《民法典》的规定，如何提起家务劳动补偿？

答 首先，按照法律的规定，家务劳动补偿的请求必须是在“离婚时”提出；其次，有权请求家务劳动补偿的必须是付出较多家庭义务的一方；最后，补偿的前提必须是一方负有抚养或赡养等法定义务但没有尽到责任而另一方为此负担了更多义务。其实如何补偿，法律鼓励的是由双方先进行协商，实在协商不成的，才由法院判决。一般来说，按照“谁主张，谁举证”的原则，作为家务劳动付出较多一方要提供相应证据来证明自己对家庭的付出，比如在抚育陪伴子女、照料年迈老人、料理家务等方面的证据（包括书证、物证、视听资料、证人证言等），同时可参考对方因家务劳动价值而获得利益（这个利益包括工作晋升、学历提高等）的证据，一并交由法院进行综合判断。

典型案例分析

案件名称：陈某某与王某某离婚纠纷案

审理法院：北京市房山区人民法院

基本案情 陈某某与王某某于2015年登记结婚并育有一子陈小某。2018年双方感情开始出现裂痕。自2018年7月起两人开始分居，2018年11月后，陈小某随王某某居住生活。2019年至2020年，陈某某两度向法院起诉要求离婚均被判决不予离婚。2020年10月，陈某某再次向法院提起诉讼，请求法院判决双方离婚，孩子归陈某某抚养，并要求分割共同财产及离婚经济（家务劳动）补偿。

王某某认为，双方夫妻感情尚未破裂，不符合离婚法定条件，因此不同意离婚；其次，陈某某除上班外，其他家庭事务几乎从不关心和参与，照顾孩子、料理家务等全都由王某某负担，若判决离婚应分割夫妻双方共同财产，并给付离婚经济补偿款18万元。

法院观点 本案中，陈某某多次起诉离婚，且双方现分居已满2年，虽王某某不同意离婚，但足以证明双方感情确已破裂，故对于陈某某要求离婚的诉讼请求，法院予以支持。财产根据双方共同财产情况予以分割。对于王某某要求的补偿款,因王某某在抚育子女等方面负担了较多义务,适用《民法典》更有利于保护王某某的合法权益,故王某某要求陈某某给予补偿,理由正当。对于补偿的数额,法院综合考虑双方结婚的时间、双方所述的生活情况等予以酌定,对于王某某过高的诉讼请求不予支持。

裁判结果 (1)判决陈某某与王某某离婚;(2)孩子陈小某由王某某抚养,陈某某每月给付抚养费2000元,享有探望权;(3)共同财产存款、公积金10余万元由双方平均分割;(4)判决陈某某给付王某某补偿款5万元。

律师分析 我国《民法典》第1088条规定,夫妻一方因抚育子女、照料老年人、协助另一方工作等负担较多义务的,离婚时有权向另一方请求补偿,另一方应当给予补偿。具体办法由双方协议;协议不成的,由人民法院判决。

家务劳动补偿制度突破了夫妻分别财产制的适用前提,不论夫妻双方实行的是哪一种夫妻财产制都可以适用。家务劳动补偿请求权适用的要件,一是主体要件:有权提出家务劳动补偿请求的主体应该是在共同生活中对家庭付出了更多义务的一方。二是实质要件:请求方在抚育子女、照料老年人或者协助另一方工作等负担较多义务。三是行使时间:请求权行使的时间原则上为离婚时。四是不应以一方是否存在过错为条件。不论哪一方对夫妻感情破裂有过错,家务劳动贡献方为家庭付出了更多义务是客观存在的事实,当家务劳动贡献方同时是过错方时也不应以该方存在过错而剥夺其请求补偿的权利。

本案中,陈某某多次起诉离婚证明双方感情确已破裂,王某某系在共同生活中对家庭付出了更多义务的一方,法院也查明陈某某除了上班之外,照顾小孩、料理家务等都是王某某在负担,陈某某几乎从不参与家庭事务,所以王某某有权在离婚时请求家务劳动补偿。

结合司法实践的案例,家务劳动经济补偿可以考量的因素包括:(1)婚姻关系持续的时间。(2)家务贡献方抚养教育子女、照料老年人等家务劳动的时间、强度、质量等,还包括精神和情感的投入;另一方未尽子女抚养义务、老年人赡养等义务时间的长短等。(3)家务贡献方此前的学历收入情况,因照顾家庭丧失深造、就业晋升机会的情况;另一方在此期间学历、收入、职务等提升的情况。(4)离婚后双方的收入及就业能力情况,双方差异情况。(5)当地的实际生活水平(主要是受补偿方的)。(6)采取哪一种夫妻财产制(如果是分别财产制,在补偿评估方法上增加了双方剩余财产差额的考量)。(7)其他应当考虑的因素。

---

* 刁玫律师,福建旭丰律师事务所高级合伙人;福建省金融证券保险专业、婚姻家事法专业律师;福建省履行社会责任先进律师、厦门市优秀律师;厦门大学法学院实践教学导师;政协厦门市思明区第九届委员会委员;厦门市律师协会女律师工作专门委员会副主任、厦门市律师协会婚姻家事与财富传承专业委

员会委员；厦门市中级人民法院、思明区人民法院特邀律师调解员；厦门市海沧区人民法院儿童权益保护观护员；厦门市医患纠纷调解委员会医学专家成员；国际争议解决及风险管理协会国际专业调解员。

** 庄幼留律师，福建旭丰律师事务所婚姻家庭与财富传承业务部副主任；厦门市中级人民法院法律咨询值班律师；厦门市 12348 法律咨询中心值班律师。

002

你伤害了我，离婚时还能一笑而过吗——谈谈民法典时代下的离婚救济制度

FM99.6 厦门综合广播《新闻招手停》第2期

主持人：海蕾

主讲人：刁玫律师*、庄幼留律师**

热点问题发现

1. 你伤害了我，离婚时还能一笑而过吗？
2. 离婚后一方生活困难，另一方能提供一些经济帮助吗？

常见问题解答

问《民法典》关于离婚损害赔偿是如何规定的？较之前《婚姻法》的规定又有哪些新变化？

答《民法典》第1091条规定，有重婚、与他人同居、实施家庭暴力、虐待、遗弃家庭成员以及有其他重大过错导致离婚的，无过错方有权请求损害赔偿。这里需要注意，“有其他重大过错”是此次《民法典》新增的，这里的重大过错是指如违反夫妻忠实义务的“一夜情”“出轨”等；侵犯另一方生育权，如“不愿生育子女、私自流产”等；还有赌博、吸毒等这些情况。重大过错主要是指实施了一些违反公序良俗和家庭义务的行为，并且这些行为已经影响到夫妻关系的维系和配偶一方的权益。回顾2018年王宝强与马蓉的离婚案，根据相关报道，法院认定马蓉跟王宝强的经纪人宋某，存在婚外不正当关系，违反夫妻忠实义务，但是关于王宝强提出的离婚损害赔偿（主要是精神损害）请求，法院认为当时的证据不足以证明马蓉与他人同居，要求损害赔偿没有依据，没有支持王宝强的赔偿诉求。王宝强这一诉求之所以没有获得法院支持主要原因是法院认为“一方出轨行为≠与他人同居”。因为原《婚姻法》第46条明确规定了无过错方有权请求离婚损害赔偿的情形仅有四种：重婚；有配偶者与他人同居；家暴；虐待、遗弃家庭成员。在实务中，其实导致离婚的过错行为多种多样，原来的四种情形已无法涵盖多种多样的过错行为。《民法典》实行后，比如出轨、赌博、吸毒等这些行为就可能被认为属于其他重大过错,有这些情形,没有过错的一方提出离婚损害赔偿,现在就有了明确的法律依据。

问 司法实务中如何认定"出轨"?

答 出轨一般是指双方都有家室或者一方有家室的男女,隐秘、自愿地发生两性关系的行为,它应该是偶发性的。原来的司法实务中,如果一方有出轨情况,有一方坚持不离婚,比如,有的是出轨的一方认为虽然自己出轨了,但还是很爱对方,感情还很好;有的是对方虽然出轨了,但是为了小孩或其他原因也不愿意离婚。像这种在一方坚持不离婚的情况下,法院很有可能认为不属于夫妻感情破裂的原因而判不离。但是《民法典》第 1079 条第 3 款增加了"其他导致夫妻感情破裂的情形",配合最新的离婚损害赔偿制度,有出轨等情况的,就很有可能会被判离婚,同时需要承担离婚损害赔偿。

问 "与他人同居""重婚"又如何认定?

答 法律上的"与他人同居"一般是指有家室的一方与婚外异性,不以夫妻名义,但是持续、稳定的共同居住的行为。构成与他人同居的三个要素:有配偶者(就是有家室);不以夫妻名义;持续、稳定的共同居住。而"重婚",《刑法》上的重婚罪指有家室的人与他人以夫妻名义同居生活的,或者明知他人有家室而与其以夫妻名义同居生活。这里重婚罪和"与他人同居"一个明显的区别就是对外有没有以夫妻的名义同居生活这种情况。

问 夫妻间的忠诚协议，一方请求另一方按照协议履行，法院会支持吗？

答 忠诚协议，通常是指夫妻双方在婚前或婚后自愿约定，违反忠实义务的一方应赔偿另一方一定精神损失、放弃部分财产利益等内容的协议，也有一些是出现不忠行为之后的类似承诺书或保证书。法院会不会支持不能一概而论，因为司法实务对忠诚协议有效还是无效争论众多，而且这种争论一直没有停过。现实中的忠诚协议往往是一个人身关系和财产关系混合的协议，比如，会约定一方几年内不得再婚、孩子的抚养权归谁、一方不得探视、“净身出户”等这些限制人身自由、身份关系的条款，这些条款在实务中基本都会被判定无效。一份协议中的部分条款无效，并不代表整个协议或者其他的条款也无效。如果是约定一方违反忠诚义务要给另一方财产方面的赔偿或补偿的条款，各地法院的裁判规则也不尽相同。

问 只有没有过错的一方有权提起离婚损害赔偿吗？无过错方可以要求婚外情的“第三者”赔偿吗？

答 有权提起离婚损害赔偿的只能是夫妻双方中没有过错的一方。而且这个前提必须是双方具有合法的婚姻关系，如果双方没有登记结婚，仅仅是同居关系，就没有权利提出损害赔偿。还有一点是如果夫妻双方都有过错，比如双方都出轨，那么双方都不能互相请求损害赔偿。至于无过错方能否要求婚外情的“第三者”赔偿的问题，如果是在只有夫妻双方的离婚诉讼中，没有过错的一方只能向自己的配偶提出，不能在离婚诉讼中向婚外情的“第三者”索赔。但是实务中也有单独就“第三者插足”，侵害原配的“配偶权”提起侵权责任纠纷或侵害人格权的纠纷，在我们处理过的案件中，从侵权这个角度去诉讼难度较大。首先第三者要明知出轨对象是有家庭的；其次是侵害的程度往往要达到或接近刑法上重婚罪的情况，法院才可能按照侵权，要求“第三者”进行赔偿。

问 离婚损害赔偿的金额如何确定？

答 实务中，离婚损害赔偿包括物质损害赔偿和精神损害赔偿两部分。每个离婚案件中的过错行为不同，造成的后果不同，赔偿金额肯定也不同。离婚损害赔偿金的数额可以由夫妻双方协议，协议不成时，由法院酌情确定，法院一般以过错方的过错程度、行为所造成的实际财产损失大小等来确定。如果无过错的一方没有单独提出离婚损害赔偿的诉求，法官可能会在分割夫妻共同财产时做适当倾斜。关于精神损害赔偿，根据最新的司法解释，目前已取消 5 万元的上限，法院在审理的时候同样要结合过错方的过错程度、造成的后果、影响等具体情节，还要结合当地生活水平，同时考虑过错方的经济能力来认定赔偿金额。

问《民法典》关于离婚经济帮助制度是如何规定的？

答《民法典》第 1090 条规定，离婚时，如果一方生活困难，有负担能力的另一方应当给予适当帮助。具体办法由双方协议；协议不成的，由人民法院判决。离婚经济帮助制度重点考量的是离婚时一方的生活情况，并且需要达到“依靠个人财产和离婚时分得的财产无法维持当地基本生活水平”的程度。它的核心是对困难一方的“生活保障”，其实这个救济制度跟离婚方式无关（诉讼/协议离婚），也跟感情过错无关，只要符合离婚时一方生活困难，另一方又有负担能力，人民法院应判决给困难的一方一定的离婚经济帮助。

问《民法典》出台后，离婚经济帮助制度是否有新变化？

答 这个制度可以追溯到1950年的《婚姻法》中，《民法典》出台后，该制度有两个变化：第一是增加了“有负担能力”的规定，只有当一方有负担能力的，才应当给予对方经济帮助。第二是删除了“从其住房等个人财产中给予帮助”的表述。2001年《婚姻法》比较强调“住房等个人财产”，而随着时间的推移，人们的财产形式早已变得多样化。为了使经济帮助的方式更为灵活，《民法典》删除了“住房等个人财产”的表述。同时，我们在做一些同类案件研究检索的时候也发现以住房帮助作为经济帮助方式的案例在逐年减少。

问 家务劳动补偿制度、离婚损害赔偿制度以及离婚经济帮助制度有什么不同点？

答 离婚家务劳动补偿的立法目的是对一方从事家务劳动价值的尊重与认可，弥补因为负担更多家庭义务而减少自我发展等损失。离婚经济帮助的立法目的是保障离婚自由，适当消除离婚初期的后顾之忧。离婚损害赔偿的立法目的是明辨是非、填补损害、制裁过错。离婚救济的三项制度均有各自严格的适用条件，在适用的时候要避免混淆使用，避免对“家务劳动”“过错”“生活困难”的重复评价。

典型案例分析

案件名称：黄某与梁某离婚纠纷案

审理法院：北京市海淀区人民法院

案例来源：人民法院报

基本案情 黄某与梁某于2013年1月登记结婚，婚后双方常因琐事争吵不休，黄某疲于应对，曾于2019年提出离婚，虽未获得支持，但此后夫妻感情仍未能修复，无奈之下，黄某只得二次起诉。梁某到庭应诉后表示，其同意离婚。但离婚的真正原因是黄某出轨成瘾，婚内屡屡犯忌，知错不改，最终导致双方的婚姻走向失败。

法院观点 黄某多次出轨的行为，严重违反了夫妻间的忠诚义务，摧毁了夫妻间的信任，深深伤害了梁某的感情，应当属于《民法典》中规定的“其他重大过错”的行为，应由黄某对梁某承担离婚损害赔偿的责任。

裁判结果 黄某赔偿梁某6万元精神损害赔偿金。

律师分析 离婚诉讼中,当事人大多会提起离婚损害赔偿。但由于此前《婚姻法》(已失效)中仅列举了四种较为严重的情形可以适用离婚损害赔偿,且赔偿标准不明确,因此离婚损害赔偿制度保护无过错方、惩罚过错方的效果只起到了有限的作用。

《民法典》增设了"其他重大过错"之举,突破了原有的局限,扩大当事人主张损害赔偿的事由,使得离婚损害赔偿这一制度更好地适应社会经济的发展,与时俱进地保护无过错方的合法权益。

审判实践中,法官一般通过比照离婚损害赔偿制度明确列举的四种过错行为的严重程度、危害程度等,将四种行为之外的其他过错行为有针对性地、有条件地纳入离婚损害赔偿制度的适用范围中,对过错方施以惩戒。

本案中,黄某的行为虽未构成重婚或与他人同居,但通过梁某的证据以及黄某自身的陈述,均可以证实其在婚姻关系存续期间存在多次与其他异性有不正当关系的事实。该行为是对夫妻忠诚义务的严重违背,足以对夫妻关系中的无过错方造成心理和精神上的损害,黄某对此存在重大过错,因此梁某主张精神损害赔偿的诉讼请求应当予以支持。至于精神损害赔偿金的具体数额,法院一般会综合过错程度、家庭收入以及惩戒效果等因素进行酌定。

---

*　刁玫律师，福建旭丰律师事务所高级合伙人；福建省金融证券保险专业、婚姻家事法专业律师；福建省履行社会责任先进律师、厦门市优秀律师；厦门大学法学院实践教学导师；政协厦门市思明区第九届委员会委员；厦门市律师协会女律师工作专门委员会副主任、厦门市律师协会婚姻家事与财富传承专业委员会委员；厦门市中级人民法院、思明区人民法院特邀律师调解员；厦门市海沧区人民法院儿童权益保护观护员；厦门市医患纠纷调解委员会医学专家成员；国际争议解决及风险管理协会国际专业调解员。

**　庄幼留律师，福建旭丰律师事务所婚姻家庭与财富传承业务部副主任；厦门市中级人民法院法律咨询值班律师；厦门市 12348 法律咨询中心值班律师。

003

对"家庭暴力"说"不"

FM99.6 厦门综合广播《新闻招手停》第3期

主持人：海蕾

主讲人：柳冰玲律师*、王楚律师**

热点问题发现

1. 家暴是不是"家务事"？
2. 同居恋人间的暴力是不是"家暴"？
3. 怎么申请人身安全保护令？

常见问题解答

问 家庭暴力是不是家务事？

答 2016年3月我国实施《反家庭暴力法》，反映了国家对反家庭暴力的高度重视，家庭暴力纳入国家法律规制范围，不属于“家务事”。家庭暴力是指“家庭成员之间以殴打、捆绑、残害、限制人身自由以及经常性谩骂、恐吓等方式实施的身体、精神等侵害行为”。

问 非“家庭成员”的暴力是不是家庭暴力？

答 《反家庭暴力法》第37条规定：“家庭成员以外共同生活的人之间实施的暴力行为，参照本法规定执行”。该规定考虑到如恋爱同居关系中的暴力隐蔽性高，但同样需要受到法律保护。典型案例可参考2020年《最高人民法院人身安全保护令十大典型案例》。

问 “冷暴力”是不是家庭暴力？

答 家庭暴力分两种：其一是情绪外泄型的家庭暴力，如殴打、捆绑；其二是以侮辱、谩骂或者不予理睬等手段对受害人进行精神折磨的精神暴力，俗称“冷暴力”，故“冷暴力”属于家庭暴力。例如，曾有当事人咨询女方跟丈夫原是大学同学，感情一直很好。工作七八年后，女方在单位升职很快、成绩突出，男方相对来说工作很一般、情绪懈怠。这是两个人产生矛盾的导火索。男方经常产生一些猜忌，采用冷漠对待妻子的方式，视妻子为空气，家里的一切事情不管不问，甚至孩子生病感冒完全不理不睬让女方自己忙前忙后，导致女方一度怀疑自己，很怕自己哪句话说得不对或者哪里做得不好。女方也曾尝试提出离婚，男方就拿刀自残。这种情形就是典型的精神暴力。

问 “小吵小闹”和“家庭暴力”怎么区分？

答 最高人民法院中国应用法学研究所《涉及家庭暴力婚姻案件审理指南》规定区分夫妻纠纷和家庭暴力的根本在于“权力和控制”。即一般夫妻纠纷双方关系平等、目的是“说服对方”，但家庭暴力双方不平等、目的是“控制对方”。

问 “家庭暴力”是犯罪吗？

答 家庭暴力是对一系列行为的概括性总称，我国《刑法》未规定家庭暴力罪名。施暴包括身体、精神、性侵害。家庭暴力达到一定严重程度可能构成刑法上故意伤害罪，若长期家庭暴力还可能构成虐待罪等。

问 《民法典》对“家庭暴力”作了什么亮点规定？

答 《民法典》明确规定“禁止家庭暴力”原则。法律原则适用于法律未对某些情形作明确规定，或虽有规定但适用会有失公平。在婚姻家庭法律方面明确“反家庭暴力”原则，就可在司法审判中作出指引：家庭成员间若发生纠纷，一旦涉及“家庭暴力”问题时，受害人可主张、法院亦可适用该原则对弱势群体进行适当倾斜的保护，对加害人给予一定惩戒。例如，离婚纠纷中对于子女抚养权的争议，若一方发生家庭暴力，则可适用“禁止家庭暴力”原则主张子女不应判决给施暴方抚养。

问 遇到“家庭暴力”怎么自救？

答 第一，尽量降低当下可能造成的伤害，寻求机会向亲友、公安部门、妇联等求救;第二,固定既有证据,包括出警记录、告诫书、伤情鉴定意见、医院就诊记录、求助记录、悔过书等。

问 收集家暴证据有什么用处?

答 第一,根据《民法典》第 1079 条的规定,实施家庭暴力属于法定离婚事由,故对于被施暴方,持有对方实施家暴的证据有助于离婚诉求获得法院支持;第二,根据《民法典》第 1091 条的规定,实施家庭暴力导致离婚的,无过错方有权请求损害赔偿;第三,根据《民法典》第 1125 条的规定,遗弃被继承人,或者虐待被继承人情节严重的,丧失继承权;第四,根据《民法典》第 36 条的规定,实施严重损害被监护人身心健康的行为,法院可根据申请撤销监护人资格。

问 如何申请人身安全保护令?

答 根据《反家庭暴力法》的规定,第一,受害人可向受害人所在地、加害人所在地或者施暴行为发生地法院申请。第二,申请人原则上以书面方式提出,特殊情况可以口头形式提出。如有证据(包括出警记录、就医记录、恐吓短信记录等)应当向法院提供,法院会根据受害人提供的证据或者通过询问、听证的方式了解案件情况。第三,法院受理申请后应当在 72 小时内作出人身安全保护令或者驳回申请;情况紧急的,应在 24 小时内作出。第四,人身安全保护令可以包括下列措施:禁止被申请人实施家庭暴力;禁止被申请人骚扰、跟踪、接触申请人及其相关近亲属;责令被申请人迁出申请人住所;保护申请人人身安全的其他措施。第五,人身安全保护令的有效期不超过6个月。人身安全保护令失效前,法院可以根据申请人的申请撤销、变更或者延长。第六,被申请人违反人身安全保护令,构成犯罪的,依法追究刑事责任;尚不构成犯罪的,人民法院应当给予训诫,可以根据情节轻重处以1000元以下罚款、15日以下拘留。

典型案例分析

案件名称:吴某某与杨某某继承纠纷案

审理法院:成都市成华区人民法院

案例来源:最高人民法院

人身安全保护令十大典型案例

基本案情 申请人吴某某(女)与被申请人杨某某(男)于2009年相识后成为男女朋友,并居住在一起。2018年农历春节过后吴某某向杨某某提出分手,杨某某同意。2018年四五月,杨某某开始对吴某某进行跟踪、骚扰、殴打并强行闯入吴某某的住所和工作场所,限制吴某某的人身自由,抢夺吴某某住所的钥匙、手机,在吴某某住所地张贴污蔑、辱骂、威胁吴某某的材料。吴某某多次向住所地、工作场所所在地的派出所报警，杨某某经警察教育、警告之后仍屡教不改，并且变本加厉骚扰吴某某。吴某某向法院申请人身安全保护令。

法院观点 本案是一起同居关系的一方申请人身安全保护令的案件。《反家庭暴力法》预防和制止的不仅是家庭成员之间的暴力行为，还包括家庭成员以外共同生活的人之间实施的暴力行为。同居关系中暴力受害者的人身权利应当受到法律保护，同居关系的一方若遭受家庭暴力或者面临家庭暴力的现实危险，人民法院也可依当事人申请作出人身安全保护令。

裁判结果 （1）禁止杨某某对吴某某实施暴力行为；（2）禁止杨某某对吴某某及其家属实施骚扰、跟踪、接触；（3）禁止杨某某接近、进入吴某某的住所及工作场所。

律师分析 《反家庭暴力法》对"家庭"范围的界定关系到对受害人保护的范围和力度，因此，正确理解《反家庭暴力法》对"家庭"概念的定义系适用《反家庭暴力法》、申请人身安全保护令的首要前提。我国《反家庭暴力法》第37条将家庭成员以外共同生活的人之间实施的暴力行为纳入该部法律调整范围，从法律保护的角度，除家庭成员之外，我国《反家庭暴力法》关于"家庭"的实然保护范围系以"共同生活"亲密关系为界定标准。常见的如未婚同居恋人、离婚后的前配偶（曾共同生活）、儿媳与公婆、女婿与岳父母、农村寄养儿童与所在家庭等。

本案中的申请人与被申请人属于男女朋友关系，二者虽不属于家庭成员，但共同居住、具有亲密情感联结。因此，其发生的暴力受《反家庭暴力法》保护。将此类“共同生活人”间的暴力区别于一般社会成员间的暴力进行立法保护，其缘由：

第一，与一般社会成员不同，长期稳定共同居住、具有紧密情感牵绊、依恋关系的主体间具有密不可分的情感和经济基础，加害人往往能够利用其优势对另一方进行控制，发生暴力的原因往往系为了“控制”一方、而非“说服”。受害人也常常因家庭地位差异、“家丑不可外扬”的顾虑宽容暴力的发生。这种基于爱和亲密关系的最隐蔽的角落邪恶丛生、暴力不断，使得“人人生而平等”“人人生而自由”等法律格言悬置。[①] 因此，亲密关系人的暴力行为的发生具有长期性、循环性和隐蔽性，外人难以知晓。二者之间的暴力虽无“家庭成员”之名，但有“家庭成员”之实。

第二，“家庭暴力”一词在英文中用“domestic violence”表示，本意是指具有一定亲密关系的人之间的暴力，包括婚姻关系、亲子关系。[②] 家

---

① 参见李春斌：《〈反家庭暴力法（征求意见稿）〉的域外经验——大陆法系典型国家涉家庭暴力立法的考察报告》，载《山东女子学院学报》2015 年第 2 期。

② 参见王春霞：《同居等亲密关系者之间的暴力应视为家庭暴力——专访中国社会科学院法学所研究员薛宁兰》，载《中国妇女报》2014 年 12 月 31 日。

庭暴力法不仅是家庭法,还是社会法。随着社会和婚姻制度的发展,人类共同生活的方式发生了调整和改变,老年、中年、青年均普遍存在非婚同居关系。而现代法律是按照陌生人的规则建立起来的,在一定程度上对熟人之间的暴力是不适用的,导致这些实质享有家庭本质的共同生活者之间的暴力得不到应有的救济。[①] 因此,《反家庭暴力法》将“共同生活”主体纳入保护范围、有利于为受害人提供相应的保护和救济措施。

---

* 柳冰玲律师,厦门大学民商法学硕士;福建旭丰律师事务所行政与政府法律顾问专业委主任;厦门市中级人民法院调解员;厦门大学法学院授课老师(兼职);厦门市律师协会政府法律顾问专业委员会委员;厦门电视台嘉宾。

** 王楚律师,厦门大学法律学士;福建旭丰律师事务所律师。

① 参见陈晖:《家庭暴力之“家庭”概念的探讨——以〈中华人民共和国反家庭暴力法〉为视角》,载《山东女子学院学报》2016 年第 6 期。

004

有多少爱可以协议——《民法典》背景下“夫妻忠诚协议”的效力

FM99.6 厦门综合广播《新闻招手停》第 4 期

主持人：海蕾

主讲人：王鹭杰律师、陈佳荧律师

热点问题发现

1. 夫妻忠实是权利还是义务？
2. 为防止出轨签订的“夫妻忠诚协议”受法律保护吗？
3. 怎么样拟定“夫妻忠诚协议”才有效？

常见问题解答

问 什么是"夫妻忠实义务"？

答《民法典》第1043条规定，家庭应当树立优良家风，弘扬家庭美德，重视家庭文明建设。夫妻应当互相忠实，互相尊重，互相关爱；家庭成员应当敬老爱幼，互相帮助，维护平等、和睦、文明的婚姻家庭关系。该条规定了夫妻之间互负"忠实义务"，即互相忠实义务是夫妻之间的法定义务。忠实义务也称不为婚外性生活的义务，是为保持爱情专一、感情忠诚而负担的义务。广义解释还包括夫妻之间不得恶意遗弃对方，不得为第三人的利益而牺牲、损害对方的利益。

问 如何理解"夫妻忠诚协议"？

答 夫妻忠诚协议，也称"婚姻忠诚协议"或"忠实协议"，通常是指夫妻双方在结婚前、后，为保证双方在婚姻关系存续期间不违反夫妻忠诚义务而以书面形式约定违约金或者赔偿金责任的协议。其中，约定赔偿精神损失、放弃财产利益是最常见的内容事项。

忠诚协议的内容千差万别，司法实践中各地法院对忠诚协议的态度也不同，有的法院认定忠诚协议有效，有的认定无效，有的法院则不予受理或认定。在2019年成都市中级人民法院一则离婚后财产纠纷的案例中，夫妻双方签订的《婚内忠诚协议》约定："若在婚姻关系期间，一方经语音、图片、视频、网络短信等其他方式被证明出现精神或肉体出轨的不忠诚现象（包括但不限于婚外情、与他人发生性关系、同居、重婚等行为）或对另一方有家庭暴力、遗弃、虐待等违反夫妻忠诚协议行为的，过错方的全部婚前财产及男女双方的夫妻共同财产将自愿赠与无过错方，归无过错方所有。”成都市中级人民法院认为夫妻双方均为具备完全民事行为能力的成年人，签订的《婚内忠诚协议》系双方当事人真实意思表示，不违反法律、行政法规的禁止性规定，内容不损害他人利益或公共利益，合法有效，最终判决支持所有夫妻共同财产归无过错方所有。

问 “夫妻忠诚协议”的种类有哪些？

答 司法实践中，夫妻忠诚协议根据约定内容划分，通常分为以下三大类：

1. 协议约定的内容仅涉及财产关系的。例如，约定自愿放弃婚前个人财产或夫妻共同财产中应得份额，支付一定金额的违约金或赔偿金等。

2. 协议约定内容仅涉及人身关系的，即以当事人一方的某项或某几项基本人身权利受限制、被剥夺作为约定内容。例如，放弃子女抚养权、探视权等。

3. 协议内容既包含财产关系又包含人身关系的，即既包含关于财产如何分割的约定，又包含剥夺和限制自然人基本人身权利的条款。在实务中，通常法院仅认可其中的“财产性条款”，“人身性条款”因违反法律强制性规定多数得不到法院支持。

问 婚姻关系存续期间签署"忠诚协议"是否有效?

答 司法裁判中存在五种观点:有效且全部支持、有效但进行部分调整、无效、不予处理、不生效,其中持有效且全部支持、有效但进行部分调整的观点的判例居多。最高人民法院对该问题的倾向性意见:夫妻之间签订忠诚协议,应由当事人本着诚信原则自觉自愿履行,法律并不禁止夫妻之间签订此类协议,但也不赋予此类协议强制执行力,从整体社会效果考虑,法院对夫妻之间的忠诚协议纠纷以不受理为宜。理由如下:

第一,如果法院受理此类忠诚协议纠纷,主张按忠诚协议赔偿的一方当事人,既要证明协议内容是真实的,没有欺诈、胁迫的情形,又要证明对方具有违反忠诚协议的行为,可能导致为了举证而去捉奸,为获取证据窃听电话、私拆信件,甚至对个人隐私权更为恶劣的侵犯情形都可能发生,夫妻之间的感情纠葛可能演变为刑事犯罪案件,其负面效应不可低估。

第二,赋予忠诚协议法律强制力的后果之一,就是鼓励当事人在婚前签订一个可以"拴住"对方的忠诚协议,这不仅会加大婚姻成本,而且也会使建立在双方情感和信任基础上的婚姻关系变质。

第三,忠诚协议实质上属于情感、道德范畴,当事人自觉自愿履行当然极好,如违反忠诚协议一方心甘情愿净身出户或赔偿若干金钱,为自己的出轨行为付出经济上的代价。但是如果一方不愿履行,不应强迫其履行忠诚协议。

问 “一方出轨，则净身出户”条款有效吗？

答 首先要注意类似于“如一方出轨，夫妻所有财产都归无过错方所有”这样的约定，也就是所谓“净身出户”的约定，司法实践中部分法院认为，该约定完全剥夺过错方在财产上的权利或严重损害了过错方的利益，导致其生活困难，无以为继，惩罚性质太过于严厉，此类约定较难得到支持。

另外，根据最高人民法院《关于适用〈中华人民共和国民法典〉婚姻家庭编的解释（一）》第69条第1款的规定，当事人达成的以协议离婚或者到人民法院调解离婚为条件的财产以及债务处理协议，如果双方离婚未成，一方在离婚诉讼中反悔的，人民法院应当认定该财产以及债务处理协议没有生效，并根据实际情况判决。即以离婚为条件的条款属于附条件生效的条款，在离婚成既成事实前，条款并未生效。因此在《忠诚协议》中对财产进行约定时，应当避免以离婚作为财产分配、处分的条件。

问 签订“夫妻忠诚协议”应当注意什么？

答 首先，签订忠诚协议应当是夫妻双方自愿、真实的意思表示，不能有欺诈行为或胁迫之举。可以协商，选择采用公证等方式，促成双方自愿、规范达成协议。

其次，避免协议中出现涉及限制一方人身权利的内容。协议离婚需要夫妻双方同意，不能提前“附条件”约定离婚。例如，在《夫妻忠诚协议》中约定一方出轨则必须同意离婚，也是不具备强制执行效力的。部分《夫妻忠诚协议》中约定了过错方必须放弃子女抚养权,此类约定亦是无效的,因为抚养子女是父母的法定义务,探望子女是父母的法定权利,不能通过约定予以限制。至于一方是否适合抚养子女,并不能以其是否存在违反忠诚协议约定的行为而直接进行认定。

再次,合理约定财产分配的比例。部分夫妻会在《夫妻忠诚协议》中约定出轨方必须"净身出户",放弃所有的婚前与婚后财产,该约定在法院判决时通常无法获得全部支持。与其如此,不如在协议签订时给过错方预留适当比例,增强协议内容的合理性与可执行性。

最后,忠诚协议不一定要以离婚为先决条件。忠诚协议的订立,一方面是为了防范夫妻一方在婚姻关系存续期间违背夫妻忠诚义务,另一方面是为了在夫妻一方违背忠诚义务时,无过错方能够依约对其进行合法的惩戒以维护自身权益。因此,建议将财产问题与人身关系问题分开处理。

典型案例分析

案件名称:李某与马某离婚纠纷案

审理法院:江苏省某基层人民法院

案例来源:2019 年度江苏法院婚姻家庭十大典型案例

基本案情 李某(男)与马某(女)于2012年登记结婚并生有一女。婚后李某与异性罗某存在不正当交往,导致罗某两次怀孕。2017年1月,李某与马某签订婚内协议一份,约定今后双方互相忠诚,如因一方过错行为(婚外情等)造成离婚,女儿由无过错方抚养,过错方放弃夫妻名下所有财产,并补偿无过错方人民币20万元。协议签订后,李某仍与罗某保持交往,罗某于2017年7月产下一子。李某诉至法院要求离婚,马某同意离婚并主张按照婚内协议约定,处理子女抚养和夫妻共同财产分割。

法院观点 一审法院经审理认为,李某与马某夫妻感情确已破裂,应准予离婚。上述协议中,关于子女的抚养约定因涉及身份关系,应属无效;关于财产分割及经济补偿的约定,系忠诚协议,不属于《婚姻法》第19条(现《民法典》第1065条)规定的夫妻财产约定情形,马某主张按照婚内协议处理子女抚养及财产分割无法律依据,但考虑到李某在婚姻中的明显过错等因素,应对无过错的马某酌情予以照顾。综合考虑孩子的成长经历、双方收入水平、家庭财产来源等情况,判决女儿随马某共同生活,并由马某分得夫妻共同财产的70%。一审判决后,李某、马某均提起上诉。二审法院驳回上诉,维持原判。

律师分析 《民法典》第1043条第2款规定,夫妻应当互相忠实,互相尊重,互相关爱,夫妻间的忠诚义务更多的是一种情感道德义务,夫妻虽自愿以民事协议的形式将夫妻忠诚的道德义务转化为法律义务,但也是变相以金钱衡量忠诚,存在道德风险。因此,夫妻间订立的忠诚协议应由当事人自觉履行,法律并不赋予其强制执行力,不能以此作为分割夫妻共同财产或确定子女抚养权归属的依据,但在离婚分割夫妻共同财产时,应综合考虑婚姻关系中各自的付出,过错方的过错程度和对婚姻破裂的消极影响,对无过错方酌情予以照顾,平衡双方利益,以树立正确的价值导向。

005

《民法典》背景下的"夫妻财产协议"

FM99.6 厦门综合广播《新闻招手停》第 5 期

主持人：海蕾

主讲人：王楚律师、黄婧雯律师

热点问题发现

1. 330 万元的婚后房产，何以离婚后仅分得 2.8 万元？
2. "婚后买的房子都给我"，口说有凭还是无凭？
3. 明星、富豪纷纷签订婚前协议，究竟是为哪般？
4. 财产协议怎么写？需要公证吗？

常见问题解答

问 夫妻财产协议采取什么形式才符合法律规定呢？

答 对夫妻共同财产的约定应当采用书面形式。书面形式，不仅包括白纸黑字的书面协议等，《民法典》中明确规定，只要能够有形地表现所载内容，并可以随时调取查用的数据电文，也视为书面形式，如聊天记录、电子邮件等。但如果只是单纯的口头约定，一旦发生纠纷，对方否认的话，往往就会陷入空口无凭、百口莫辩的境地，根据“谁主张，谁举证”的裁判规则，提出诉求的一方就很难得到法院支持。

问 签订夫妻财产协议需要具备哪些条件？

答 首先，签约主体必须是年满 18 周岁，精神智力正常的完全民事行为能力人。其次，协议必须是双方自愿协商达成的，不存在威胁或者欺诈等情况。再次，约定的内容必须合法，不能约定如赌博、贩售毒品等违法收益，属于违反法律强制性规定的将导致约定无效。最后，夫妻双方约定的内容不能超出夫妻财产的范围。

问 夫妻财产协议都有哪些类型？

答 根据夫妻财产协议的签订时间来区分，可以分为婚前财产协议和婚内财产协议。婚前财产协议是以双方要结婚为前提的，如果双方签订婚前财产协议后，并未登记结婚，那么婚前财产协议中涉及一方将财产赠与另一方的，从目前的司法实践来看，鉴于结婚这个实质目的没有达成，这种赠与也是没有生效的，一方以婚前财产协议向对方主张权利的，一般无法得到法院支持。婚内财产协议也就是夫妻双方在婚姻存续期间内签订的财产协议，只是针对夫妻关系存续期间共同财产归属作出的约定，自双方签订之日或约定的生效条件成就之日，即发生法律效力。同时，夫妻财产协议中还可以附加一定条件，也就是说，这份夫妻财产协议的生效是以一定条件为前提的，但如果订立的财产协议是附条件的，就条件的书写就需要特别审慎，否则就有可能影响到协议的效力；像生活中常见的，为办理离婚签订的离婚协议也属于附条件的夫妻财产协议，离婚即协议的生效条件，若双方没有离婚，也就是目的未成就，那么这个财产协议是无法生效的。

问 夫妻财产协议中若约定一方将个人财产赠与另一方的，都有哪些法律问题？

答 若在夫妻财产协议中约定一方将个人财产赠与另一方的，需要受到《民法典》合同编中赠与合同的相关规定约束。赠与合同在赠与财产转移之前是可以撤销的，如赠与的财产为房产，但协议签订后，双方并未办理产权变更手续，则赠与一方在变更产权登记前，均可以反悔。因此在这种情况下，想让约定有效应当及时办理产权变更登记手续，或是将夫妻财产协议进行公证，公证后的赠与是不允许撤销的。

问 夫妻财产协议中约定"净身出户"是否合法？

答 目前司法实践中对"净身出户"这类约定的效力存在较大的争议，有可能因明显有悖于公平原则，而认定"净身出户"约定无效，因此建议夫妻财产协议中尽量避免此类表述。另外，还要注意夫妻财产协议的条款不可涉及人身权的内容，如婚内财产协议中不能限制双方离婚自由，否则可能因涉及违反婚姻自由的规定，而被认为无效。另外，协议约定的内容必须合法，若约定内容中存在免除一方的法定义务或剥夺一方的法定权利等条款也将被认定为无效，如在协议中约定另一方可以不用抚养孩子；不用履行夫妻的相互照顾、扶助的义务，或者是在协议中约定一方永远不能看孩子等，此类约定均是无效的。

问 **遇到“家庭暴力”怎么自救？**

答 第一，尽量降低当下可能造成的伤害，寻求机会向亲友、公安部门、妇联等求救；第二，固定既有证据，包括出警记录、告诫书、伤情鉴定意见、医院就诊记录、求助记录、悔过书等。

问 **夫妻财产协议应当如何书写？**

答 书写夫妻财产协议时，建议应将协议所涉财产范围与内容表述清晰、确定，如涉及房产，应当写明房产坐落在××市××区××小区××号楼×室，最好再标注房屋面积、房产证号；如果是车辆，就应当写明具体品牌、型号、车牌号等；存款应明确注明户名、银行账号等，这样可避免因财产范围或财产指向不清，导致协议无法履行或履行过程中发生争议。协议书写好后应由夫妻双方亲笔签名。若协议涉及赠与合同的问题，建议还应当办理公证手续。

问 夫妻之间的债务，是否能在夫妻财产协议中约定？

答 当然是可以的。不过要注意的一点是，关于债务承担的约定涉及对内效力及对外效力的问题，即若夫妻在财产协议中约定了债务承担的，只在夫妻间生效，对夫妻以外的人不发生法律效力，但若债权人明知且同意夫妻间已就债务承担进行约定，则该约定也将对债权人发生法律效力。

典型案例分析

案件名称：小丽和阿强离婚纠纷案

审理法院：上海市第一中级人民法院

案例来源：上海法治报

基本案情 2015年，小丽和阿强婚后不久购置了一处房产作为婚房。当时房屋总价170余万元，其中首付100余万元由小丽的母亲出资，剩下70余万元则由小丽和阿强共同申请公积金贷款进行支付。办理房屋登记时，产权登记在了小丽和阿强名下，之后便是两人共同偿还贷款。婚后3年，小丽和阿强的感情渐渐出现了问题，常常因家庭琐事产生矛盾，直至2018年阿强搬离了这套房屋，两人自此开始分居生活。

2020年小丽向法院提起诉讼，要求判两人离婚，并对夫妻共同财产依法进行分割。一审法院认为阿强应得50万元。小丽曾向法院提起诉讼要求离婚,法院判决不予离婚后,两人的关系并没有得到改善,且目前二人分居已满2年,便支持了小丽的离婚诉求。对于两人共有的这套房产,经查实,现市值330万元,剩余贷款金额50余万元,且当年两人将产权登记为按份共有,小丽占99%的份额,阿强占1%的份额。一审法院认为这套房屋的房款由100余万元首付款和70余万元贷款组成,在小丽母亲出资占一半多比例的情况下,阿强仅分割房屋的1%,与其对房屋贡献严重不符,有失公允,遂以房屋产权登记为基础,综合考虑小丽、阿强对房屋的贡献,照顾女方原则等因素,判令这套房屋归小丽所有。在扣除目前剩余贷款后,小丽支付阿强房屋折价款共计50万元。小丽不服,向上海市第一中级人民法院提起上诉。二审中,小丽主张,房屋产权登记为夫妻二人按份共有,是他们对共同财产的约定,离婚分割财产应当依约定按份处置。这份约定是两人的真实意思表示,是合法有效的。但阿强认为,当时两人按份共有是以婚姻关系维系为前提的,是为了安抚小丽的父母,并不是自己的真实意思表示,不动产登记簿不是夫妻财产约定协议,故要求维持一审判决。

法院观点 该房屋是小丽和阿强婚后购买的,且作了按份共有的产权登记,由此可见,二人对这套房屋的产权归属达成了按各自比例共同共有的协议。上述房产登记是双方的真实意思表示,符合有关夫妻财产分别制的规定，对双方均具有约束力，应按照此项约定执行，且民事主体遵循诚信原则，秉持诚实，恪守承诺，才属公允。因此，对这套房屋的分割，不应当违背二人产权登记时自愿达成的共同协议，应当以按份共有比例依法进行分割。

裁判结果 判决小丽和阿强离婚，房屋归小丽所有。在扣除目前剩余贷款后，改判小丽支付阿强房屋折价款2.8万余元，剩余贷款由小丽归还。

律师分析 本案中，二审判决依据是《民法典》第1065条规定，男女双方可以约定婚姻关系存续期间所得的财产以及婚前财产归各自所有、共同所有或者部分各自所有、部分共同所有。约定应当采用书面形式。夫妻对婚姻关系存续期间所得的财产以及婚前财产的约定，对双方具有法律约束力。根据该法条规定，二审法院认为阿强和小丽就房子产权登记时是做了99%和1%的按份共有登记，事实上就是阿强和小丽对他们婚内取得的这个房子归属问题达成了协议，而夫妻的财产约定是优先于法律关于夫妻财产分配规定的，因此法院最终作出这样的判决。所以，夫妻双方是可以对婚内及婚前取得的财产进行约定的，且有效的约定优先于法律规定的夫妻财产分配制度。

006

夫妻共同债务那些事儿

FM99.6 厦门综合广播《新闻招手停》第 6 期

主持人：海蕾

主讲人：陈晓莹律师*、李丽芳律师**

热点问题发现

1. 区分夫妻共同债务与个人债务的重要性。
2. 以案例分析夫妻共同债务的类型。
3. 夫妻共债认定之内核——平衡夫、妻、债权人三方利益。

常见问题解答

问 夫妻共同债务的类型？

答 第一种典型的夫妻共同债务的类型是基于夫妻共同

意思表示所负的债务。共债共签或事后追认,体现了夫妻双方共同举债的合意,属于基于夫妻共同意思表示所负的夫妻共同债务类型。“共债共签”是指夫妻双方对共同债务共同签字确认。例如,夫妻双方在借款合同的借款人处共同签字确认。事后追认,可归纳为明示追认和推定追认。明示追认,是指夫妻一方负债,另一方通过口头或书面形式确认该债务为夫妻共同债务的行为。推定追认,是指夫妻一方负债,另一方以行为表明其知晓举债或同意参与偿债,则推定共同意共同负债。例如,丈夫个人借款,妻子共同偿还本金、利息,妻子参与共同偿债的行为表明妻子知晓并认同这笔借款,则该笔借款应认定为夫妻共同债务。又如,丈夫个人借款,妻子提供银行账号作为借款的收款账户,此种情况亦可认定妻子对该借款系知情,该债务也可能被认定为夫妻共同债务。

问 若妻子不知情,事后也未追认,能否被认定为夫妻共同债务?

答 有可能。夫妻一方在婚姻关系存续期间以个人名义为家庭日常生活需要所负的债务,虽然另一方不知情或者未追认,若债务未超出家庭日常生活所需,也属于夫妻共同债务,这是夫妻共同债务的第二种类型。“家庭日常生活所需”,是指夫妻双方及其家庭成员在日常生活中的必要开支,包括正常的衣食住行消费、日用品购买、医疗保健、子女教育、老人赡养以及正当的娱乐、文化消费等。例如,妻子为了生活买米找邻居借款,数额不高,该笔借款为丈夫需要共同偿还的债务。需要注意的是,债务是否为家庭日常生活所需,需要根据举债的目的以及支出的必要性及适当性进行综合判断。为了维持家庭的日常必要消费,且这笔债务的数额与债务人的家庭生活水准相适应,才能认定为家庭日常生活需要所负的债务。

问 夫妻一方在婚姻关系存续期间以个人名义超出家庭日常生活需要所负债务,是否属于夫妻共同债务?

答 夫妻一方在婚姻关系存续期间以个人名义超出家庭日常生活需要所负债务,为个人债务,不属于夫妻共同债务;但是,债权人能够证明该债务用于夫妻共同生活、共同生产经营或者基于夫妻双方共同意思表示的除外。法律之所以如此规定,是为了平衡保护债权人和夫妻中未举债一方的利益。例如,丈夫对外借款300万元,借款用途为工程建设,债权人将借款直接支付给丈夫指定的供应商。因该笔债务数额巨大,超出家庭日常生活需要,故一般情况下应认定为丈夫的个人债务;但是,如果债权人能够提供证据证明该借款产生的收益用于夫妻共同生活,该借款用于妻子与丈夫共同生产经营或该笔债务产生是基于妻子和丈夫共同意思表示的,则该笔债务应当被认定为夫妻共同债务。实践中,债务用于夫妻共同生产经营的情形较为复杂,包括为夫妻共同从事生产经营或投资负债,债务为夫妻一方从事生产经营或投资所负但夫妻双方共享收益以及其他可以认定债务用于夫妻共同生产经营的情形。债权人主张夫妻一方因共同生产经营所负的债务是夫妻共同债务的,债权人应当对债务用于夫妻共同生产经营承担举证责任。判断生产经营活动是否属于夫妻共同生产经营,需要根据经营活动的性质以及夫妻双方在其中的地位作用等综合认定。需要注意的是，实践中，对于夫妻一方没有经济来源，其经济收入完全取决于对方配偶，双方在经济层面形成紧密的依存关系的情况下，即使夫妻一方没有共同经营的，只要夫妻共同生活的经济来源于一方经营所得的，其配偶对外因经营需要所负债务，也应当认定为夫妻共同债务。

问《民法典》中关于夫妻共同债务的相关规定？

答《民法典》第1064条规定，夫妻双方共同签名或者夫妻一方事后追认等共同意思表示所负的债务，以及夫妻一方在婚姻关系存续期间以个人名义为家庭日常生活需要所负的债务，属于夫妻共同债务。夫妻一方在婚姻关系存续期间以个人名义超出家庭日常生活需要所负的债务，不属于夫妻共同债务；但是，债权人能够证明该债务用于夫妻共同生活、共同生产经营或者基于夫妻双方共同意思表示的除外。《民法典》的这一规定，涵盖了前述分析的三种夫妻共同债务类型。

典型案例分析

案件名称：韩某某与林某某、曾某某民间借贷纠纷案

案号：(2020)浙0327民初1967号

审理法院：浙江省苍南县人民法院

案例来源：中国裁判文书网

基本案情 被告林某某向原告韩某某出具借条,借条明确载明出借人为原告韩某某,借款120万元系用于投资泉州中瑞包装有限公司,按月利率1.5%计息。原告主张依据实收资本明细账、记账凭证及其他应付款明细账,涉案借款已按上述约定方式完成款项交付行为,原告韩某某主张借贷事实成立,其与被告林某某之间业已成立合法有效的民间借贷关系,要求林某某及配偶曾某某共同承担还款责任。

法院观点 涉案债务系出于举债的夫妻一方用于家庭共同生产经营需要而产生的,并结合庭审调查,被告林某某参与公司经营管理,被告曾某某亦曾在公司工作,上述债务发生于被告林某某、曾某某夫妻关系存续期间,被告曾某某未提供证据证明原告韩某某与被告林某某明确约定涉案债务为被告林某某的个人债务,同时也未提供证据证明本案存在约定夫妻财产各自所有等情形,故应按二被告夫妻共同债务处理,由二被告承担共同还款责任。被告曾某某以其对涉案债务产生不知情以及涉案款项未用于家庭共同生活支出为由,抗辩涉案债务不属于夫妻共同债务,理由不成立。

裁判结果 林某某、曾某某于本判决生效后10日内偿还韩某某借款120万元并支付利息(以本金120万元为基数,自2016年10月1日起至实际履行完毕之日止,按月利率1.5%计算)。如果未按本判决指定的期间履行给付金钱义务,应当按照《民事诉讼法》第253条之规定,加倍支付迟延履行期间的债务利息。

律师分析 对于夫妻"共同生产经营"不能作狭义理解,其既包括夫妻双方共同直接参与经营,也包括夫妻一方直接经营收益双方共享。认定一方债务是否用于共同生产经营,还应考虑经营活动的性质以及夫妻双方在其中的地位作用,尤其是举债所获利益是否实际用于维持或者改善夫妻共同生活。

夫妻共同债务的认定规则是建立在我国以夫妻财产共有制为原则的基础之上的,本质是利益共享、责任共担。夫妻共同债务涉及丈夫、妻子、债权人三方,一味地保护债权人一方不公平,但一味地保护夫妻中未举债一方也会导致利益失衡。法院对此类型案件的处理,会兼顾、平衡各方利益。

---

* 陈晓莹律师,伦敦大学国王学院国际商法硕士;福建旭丰律师事务所涉外法律业务部副主任;福建省涉外律师人才库成员、厦门市涉外律师人才库成员。

** 李丽芳律师,福建师范大学法学学士;福建旭丰律师事务所第一党支部委员、公司业务部副主任、青年律师工作委员会副主任;厦门市律师协会监事会委员。

007

彩礼、嫁妆那些事儿

FM99.6 厦门综合广播《新闻招手停》第7期

主持人：海蕾

主讲人：李丽芳律师*、陈晓莹律师**

热点问题发现

1. 天价彩礼谁受益？——彩礼返还标准
2. 女婿也能得嫁妆？——嫁妆的种类及归属

常见问题解答

问 给付彩礼的行为是否合法，是否受法律保护？

答 彩礼通常是指为缔结婚姻关系，依据当地习俗，男方或其家庭给付女方或其家庭的财物。《民法典》第1042

条第1款明确规定，禁止包办、买卖婚姻和其他干涉婚姻自由的行为。禁止借婚姻索取财物。因此，若结婚系双方自愿，彩礼符合自愿及适度的原则，给付彩礼的行为系合法行为、受法律保护。

问 “借婚姻索取财物”指生活中何种情形？

答 法律禁止“借婚姻索取财物”，即女方通过缔结婚姻这种手段骗取男方高额的彩礼，实质上女方并无和男方结婚的意愿。例如，女方或其家人收取高额彩礼后，女方逃婚。

问 在何种情形下，可以要求返还彩礼？

答 就法律性质而言，给付彩礼实质是一种附条件的赠与，具有强烈的人身属性。关于彩礼是否能够返还的问题，原最高人民法院《关于适用〈中华人民共和国婚姻法〉若干问题的解释（二）》第10条规定有相关的情形，但这部司法解释已经废止。目前，关于这个问题的法律规定系最高人民法院《关于适用〈中华人民共和国民法典〉婚姻家庭编的解释（一）》的第5条，就彩礼这部分的法律规定，并没有实质变化。第一，若男女双方未办理结婚登记手续，给付彩礼的一方可以请求收取彩礼的一方返还彩礼。若男方给付彩礼给女方后，双方虽未办理结婚登记手续，但共同生活，双方应该是同居关系，若男女双方愿意补办且已补办结婚登记手续，彩礼按照办理结婚登记而且共同生活的情况来处理；若双方不补办结婚登记，男方请求返还彩礼，法院会根据共同生活时间、是否生育孩子、未办理结婚登记的原因、彩礼数额、彩礼是否使用及用途、女方是否回礼等情况以及当地风俗习惯,来确定彩礼是否返还以及返还数额。第二,男女双方办理结婚登记手续但实际没有共同生活,可要求返还彩礼。虽然在法律上,男女双方已是合法的夫妻关系,但双方没有共同生活,也就没有夫妻之间相互扶助、共同生活的经历。对于双方而言,法律意义上的婚姻关系虽已成立,但实质意义上真正的共同生活还没有开始。这种情况下,法院通常会判令返还彩礼,至于可返还的数额,法院将会根据彩礼数额、结婚时间长短、未共同生活是否有正当事由并且结合当地的风俗习惯等因素,进行确定。第三,男方婚前给彩礼并导致男方生活困难的,男方可请求返还彩礼。生活困难是指男方因给付彩礼导致其生活靠自己的力量,已经无法维持当地最基本的生活水平。该种情形,体现了法律及审判实践对生活确有困难一方的帮助。

问 若起诉返还彩礼,如何确定原告及被告?

答 最高人民法院以及各地区省高级人民法院的意见比较统一,给付彩礼的是男方或者男方家庭,接受彩礼的一方是女方或者女方家庭,因此以上人员均可成为返还彩礼诉讼中的当事人,可以作为共同原告或者作为共同被告。

问 彩礼已经用于购置双方共同生活的物品了,或者事实上已经转换为男女双方的共同财产,男方及其家庭是否可以主张返还?

答 此种情况下,通常是根据彩礼的使用情况,以及婚姻关系存续期间的长短等具体事实综合把握。特别是彩礼已转化为共同生活的财产时,可将彩礼的返还与分割共同财产一并考虑,在分割中主张彩礼的返还。

问 办理了结婚登记手续且结婚前给付彩礼的,是否可以随时请求返还彩礼?

答 若办理了结婚登记手续且结婚前给彩礼的,必须以离婚为前提,人民法院才考虑支持返还请求,也就是说,在双方离婚诉讼中或者在离婚后提返还的请求都可以,但若双方的婚姻关系始终存续,不存在返还彩礼的问题。若是在离婚后提起返还彩礼的诉讼,应当注意 3 年的诉讼时效期间。若超过 3 年再提起诉讼,有可能会失去胜诉的机会。

问 离婚时,嫁妆的归属?

答 所谓嫁妆,是女方出嫁时,娘家为女儿准备的结婚用品,如房产、汽车、衣被、家具及其他用品,嫁妆实质上应属于女方父母实施的赠与,于情于理于法,嫁妆必然是包含了父母对自己女儿赠与的意思表示,而对于该嫁妆是否包含对另一方的赠与,在女方父母无明确意思表示的情况下,则是需要具体分析的。第一,对于嫁妆的归属,夫妻之间有约定时,应该尊重夫妻双方的约定。《民法典》第 1065 条规定,男女双方可以约定婚姻关系存续期间所得的财产以及婚前财产归各自所有、共同所有或者部分各自所有、部分共同共有。约定应当采用书面形式。没有约定或者约定不明确的适用本法第 1062 条、第 1063 条规定。因此,若双方有约定，则应按约定处理。第二，在双方未约定的情况下，要重点关注的是嫁妆的给付时间，即嫁妆系女方父母婚前给付的还是婚后给付的。若是女方父母在婚前给付女方的嫁妆（包括房产、车辆等财产），法院通常会认定属于女方的婚前个人财产，不会因为婚姻关系的产生、存续而转化为夫妻共同财产。但是，若女方父母在婚后给付女方的嫁妆，同时未明确是对女方个人的赠与，法院通常会认定属于男女双方的夫妻共同财产。若女方父母赠与财物时明确是赠与给女方的，则嫁妆仍然属于女方个人财产。

问 **嫁妆的类型是否会影响嫁妆的归属？**

答 嫁妆的类型会影响嫁妆的归属。若嫁妆是冰箱、电视等日常家用产品或者房产，存在两种情况。婚前购买，则属于女方个人财产，婚后购买则属于夫妻共同财产；若嫁妆是戒指、项链等私人物件，因其具有人身专属性，参照《民法典》第1063条规定的一方专用的生活用品属于个人财产，则该类嫁妆应属于赠与人以自己的行为表示明确赠与一方的个人财产。

典型案例分析

案件名称：蒋某与林某婚约财产纠纷案

案号：（2021）闽01民终8146号

审理法院：福建省福州市中级人民法院

案例来源：中国裁判文书网

基本案情 蒋某、林某于2019年12月经人介绍相识，于2020年3月订立婚约。双方未按民间习俗举办婚礼，未办理结婚登记手续。现蒋某要求林某返还彩礼。

法院观点 一审法院认为，蒋某、林某在订立婚约后未办理结婚登记手续，导致蒋某给付彩礼的目的不能实现，依照最高人民法院《关于适用〈中华人民共和国民法典〉婚姻家庭编的解释（一）》第5条"当事人请求返还按照习俗给付的彩礼的，如果查明属于以下情形，人民法院应当予以支持：（一）双方未办理结婚登记手续；……"的规定，林某应当返还彩礼。庭审中，林某确认收到彩礼148,000元，蒋某确认收到林某回礼26,000元，两项相抵扣，林某实际收到的彩礼金额为122,000元。考虑到彩礼在双方缔结婚姻过程中的消耗，故一审法院酌定林某应返还蒋某彩礼100,000元。蒋某称其支付的彩礼金额为173,300元，但未提供有效证据予以佐证，一审法院不予采信。蒋某要求林某返还其亲戚给付的现金31,500元，亦无事实和法律依据，一审法院不予支持。一审法院作出判决：（1）被告林某应于本判决生效之日起10日内返还原告蒋某彩礼人民币100,000元；（2）驳回原告蒋某的其他诉讼请求。

二审法院认为，本案系婚约财产纠纷。关于蒋某提出的银行卡内彩礼应为173,300元的上诉意见，经查，二审中林某自认使用蒋某的银行卡购置首饰并多次取现，该事实与蒋某提供的珠宝票据（4597元）、银行流水(2500 元 ×8 次)印证,加上林某在一审中自认其共使用了 148,000 元,可以证实存有173,300元的银行卡为林某掌握、使用,蒋某关于其将存在银行卡内彩礼 173,300 元交给林某的主张成立,一审法院仅以林某自认的数额认定林某收到彩礼 148,000 元与查明的事实不符,二审法院予以纠正,蒋某的该上诉意见成立。关于蒋某提出的给林某家属的 31,500 元见面礼应为彩礼的上诉意见,经查,蒋某虽主张向林某亲属支付见面礼 31,500 元,未能提供证据证实具体数额,而林某在诉讼中并未明确承认见面礼的具体数额,蒋某应承担举证不能的后果,一审处理并无不当,该上诉意见不予采纳。关于蒋某提出的一审法院确定的彩礼返还数额不当的上诉意见,经查,最高人民法院《关于适用〈中华人民共和国民法典〉婚姻家庭编的解释(一)》第 5 条规定,“当事人请求返还按照习俗给付的彩礼的,如果查明属于以下情形,人民法院应当予以支持:(一)双方未办理结婚登记手续;……”本案中,依据二审法院查明的事实,林某收取了彩礼 173,300 元,蒋某收到回礼 26,000 元,二者相抵,林某实际收取的彩礼金额为 147,300 元。参酌一审法院确定的返还比例,二审法院酌定林某应向蒋某返还彩礼 130,000 元。蒋某的该上诉意见二审法院部分予以采纳。

裁判结果 (1)维持福州市仓山区人民法院(2021)闽 0104 民初 3519 号民事判决第二项;(2)变更福州市仓山区人民法院(2021)闽 0104 民初 3519 号民事判决第一项为:林某应于本判决生效之日起 10 日内返还蒋

某彩礼人民币 130,000 元。如果林某未按本判决指定的期间履行给付金钱义务,应当依照《民事诉讼法》第 253 条之规定,加倍支付迟延履行期间债务利息。

律师分析 对于彩礼是否返还,原则上要以双方是否缔结婚姻关系作为判断标准。本案中,男女双方未办理结婚登记手续,蒋某要求返还彩礼确实具有事实与法律依据。

双方的争议还在于返还彩礼的数额。本案中,法院考虑到财产的使用情况。除此之外,以下三点也是在认定返还彩礼数额时需要考虑的:第一,哪一方提出解除人身关系。根据民法上公序良俗原则,提出解除人身关系的一方一般来说应该负有道德上的瑕疵,故若男方提出解除婚约,裁判就应适当减少返还数额,如女方提出,则应多予支持返还。第二,双方结婚时间的长短。通常情况下,结婚时间较长,男女双方受婚姻及家庭约束也越大,则返还的彩礼数额应酌情降低,反之,则应多予返还。第三,有无生育子女。通常情况下,若生育子女,则减少返还;未生育子女,则应增加返还。

---

* 李丽芳律师,福建师范大学法学学士;福建旭丰律师事务所第一党支部委员、公司业务部副主任、青年律师工作委员会副主任;厦门市律师协会监事会委员。

** 陈晓莹律师,伦敦大学国王学院国际商法硕士;福建旭丰律师事务所涉外法律业务部副主任;福建省涉外律师人才库成员、厦门市涉外律师人才库成员。

008

民法典时代传承规则的新变化

FM99.6 厦门综合广播《新闻招手停》第 8 期

主持人：海蕾

主讲人：方凡佳律师*、杨吴德律师**

热点问题发现

1.“打印遗嘱”如何操作？

2.“公证遗嘱”效力还最高吗？

3.“遗嘱信托”高大上还是接地气？

常见问题解答

问《民法典》对遗嘱的规定有什么变化吗？

答 有的，诸如遗嘱形式的变化：《继承法》从 1985 年正式实施到《民法典》颁布时已经使用35年，中间从未修订过，已经不太能适应时代的发展。比如，法律规定的自书遗嘱，立遗嘱人应亲笔书写。但是，近年来有些人认为遗嘱需要写很长，打印出来更方便。还有些人觉得，遗嘱需要根据孩子（继承人）的表现随时修改，如果电子稿存入电脑，日后更便于调整。打印遗嘱便随着技术的发展、电脑的普及、现实需要而涌现。然而，打印遗嘱这类遗嘱形式在《民法典》颁行前是不存在的，这便是明显的变化之一。

问 打印的遗嘱可以用吗？

答《继承法》没有规定“打印遗嘱”这种遗嘱形式。法律对遗嘱应当如何呈现有严格的要求，立遗嘱人应当按照法律规定的要求立遗嘱。法院一般认为，既然是“自书”遗嘱就应亲笔书写，打印并非自书方式。但也有部分观点认为，打印遗嘱虽是打印，但遗嘱上存有立遗嘱人的签名，则代表立遗嘱人对内容的认可，所以打印行为可以视为书写行为的一种延伸，打印遗嘱应属于自书遗嘱。还有部分观点认为，打印遗嘱是一种代书遗嘱，因为对于年长者而言，他们不会使用电脑，他们立遗嘱时需要找人帮忙打字，这就相当于找人代书，所以说是一种代书遗嘱。《民法典》的颁布解决了上述不同观点的冲突，因为《民法典》直接增加了打印遗嘱的规定，这类遗嘱既不是自书遗嘱，也非代书遗嘱，而是一种独立的遗嘱形式。特别提醒的是，打印遗嘱除了“打印”外，还有其他法定的形式要求，即打印遗嘱应当由两个以上见证人在场见证，立遗嘱人和见证人均要在遗嘱的每一页上签名，注明年、月、日。反之，如果形式上不符合法定要求，这个遗嘱很可能会被认定为无效，立遗嘱人的遗愿将无法通过遗嘱实现。

我们可以用一个案例来进一步说明，厦门市思明区人民法院在2021年年初判出了第一例打印遗嘱继承纠纷。法官认为，打印遗嘱的形成，可以拆分为两个步骤：一是在电脑上书写遗嘱，二是在打印机上将遗嘱打印出来。所谓"见证"，应当是对这两个步骤的全程见证。而在这个案件中，两个证人均陈述，是立遗嘱人直接拿打印好的遗嘱给他们签字。也就是说，他们并没有参与订立遗嘱的整个过程，不符合"见证"的要求。因此法院最终判决这份打印遗嘱无效。因此，打印遗嘱在《民法典》施行后可用，但应符合法律规定的诸多要求，否则将面临无效的风险。

问 遗嘱还有其他形式吗?

答 有的。《继承法》规定遗嘱形式包括自书遗嘱、代书遗嘱、录音录像遗嘱、口头遗嘱和公证遗嘱。《民法典》在《继承法》的基础上新增规定"打印遗嘱"和"录音录像遗嘱"。所以，现行法律认可的遗嘱形式一共有7种。同样提醒注意的是，遗嘱应符合法定要求，如录音录像遗嘱，要求有两个以上见证人在场见证，立遗嘱人和见证人都要在录音录像中表明身份，记录姓名或者肖像，并记录时间信息。

杭州某个区人民法院判决一个关于录音录像遗嘱的案件。男方有两任妻子，与第一任妻子生有一女。男方罹患绝症，第二任妻子对他不离不弃,但女儿却对他不闻不问。男方便在病房立了遗嘱,遗嘱内容是由第二任妻子继承身故后房产。同时,男方请求两个病友,把包括他本人宣读遗嘱等整个过程予以记录。在这个案件中,其实是存在两种形式的遗嘱,一是代书遗嘱,二是录音录像遗嘱。但是,由于两个见证人没有在遗嘱文本上签名,所以代书遗嘱被法院认定为无效的。幸好立遗嘱人多做了一个录像的动作,借此真实呈现立遗嘱人的意思,否则他的遗愿就没有办法完整实现。通过这个案例,我们更应深知,立遗嘱千万不能图省事,一定要留意我们前面提到的法律对遗嘱的诸多要求。

问 什么样的人可以担任见证人?

答 见证人其实在遗嘱当中是非常重要的一个角色,《继承法》规定了三类人不能作为见证人:(1)无行为能力人、限制行为能力人;(2)继承人、受遗赠人;(3)与继承人、受遗赠人有利害关系的人。如果见证人选择不当,将直接影响遗嘱效力。《民法典》在保留《继承法》关于遗嘱见证人规定的基础上,增加兜底条款:“其他不具有见证能力的人”不能作为遗嘱见证人。原因:首先,考虑到现实中存在身体原因如视力或者听力不正常,但其实是完全民事行为能力人,不属于前上述规定的第一类人,他们见证遗嘱的形成其实是有障碍的;其次,不识字的人,不具有代书的能力,也不具有见证的能力;还有与立遗嘱人语言不通、语种不同的人;最后,喝了酒的人,可能暂时失去意识的人,原则上也应当是不具有见证能力的。所以,在立遗嘱时对于选谁做见证人至关重要。

问《民法典》关于遗嘱的规定，是否还有更值得关注的条款？

答《民法典》中关于遗嘱的规定需要关注之处很多，这里着重说明一下关于“取消公证遗嘱的优先效力”的规定。相信很多人仍然会有一个朴素的观念，公证遗嘱效力最高。在过去确实是这样，如果立遗嘱人立有多份不同形式并且内容相抵触的遗嘱，而其中又有公证遗嘱的，那么将会按照最后所立的公证遗嘱内容加以继承。但是，《民法典》没有保留该条文，主要是考虑遗嘱本身就是法律赋予立遗嘱人的权利，应当最大限度地尊重立遗嘱人的真实意愿，而公证遗嘱的程序相对比较烦琐，成本也相对较高，如果法律再赋予其优先效力，那么势必对立遗嘱人真实意愿的表达造成一定程度的抑制。如果从证据的角度来看，经过公证的证据无疑是有力的证据。假设因遗嘱继承事宜发生争议，遗嘱本身将作为一份证据呈现，而该遗嘱恰巧又经过公证，则难以被推翻。

问 除了遗嘱之外，法律上是否还有其他的传承方式？

答 围绕“遗嘱”可以延伸出好几个概念，均是非常实用的法律工具。比如，遗赠抚养协议、遗嘱信托，这些是老百姓日常生活中较少接触的概念。遗嘱是单方的意思表示，将个人合法财产指定由法定继承人中的一位或者多位继承。遗赠抚养是双方协议，意思是可以与非亲属签订协议，并由该非亲属作为扶养人，给遗赠人养老送终，如果该非亲属履行了约定“生养死葬”的义务，则可按照遗赠扶养协议的约定取得遗赠人身后的财产。遗赠抚养协议其实可以解决不少独居老人、孤寡老人无人养老的情况。

问 **什么是遗嘱信托？**

答 遗嘱信托其实非常"接地气"，通俗地讲，就是用立遗嘱的方式设立一个小型的财产信托，并且在遗嘱中写明委托谁来受托管理财产、分配财产、如何分配等事宜。虽然叫信托，但不同于我们通常所理解的信托或者家族信托。根据银保监会规定，家族信托财产金额或价值不低于1000万元，而且国内的信托通常不方便装进股权或者房产。仅以现金流来看，1000万元不是小数目，现在很多中产家庭，虽然没有那么多现金流，但一套房子也值好几百万元。有些人会想，不想让孩子在自己身故后立即拿到房产、坐吃山空，但经济情况又不符合设立家族信托的门槛。这时可考虑通过"遗嘱信托"。举个上海的案例来进一步说明，主人公李某生前留下一份亲笔遗嘱，内容：他死后，名下现金、房产的出售款等财产要成立一个家族基金会，由他的现任妻子和几个兄弟姐妹共同管理，他的妻子、孩子可以从这个基金会里领取生活费、学费等。言下之意就是遗产不能分割，只能继续经营，继承人取得相应的经营收益。其实，李某在这个遗嘱里的意思表示非常清晰，虽然遗产不能分割，但是遗产的收益是为保障家人生活的，并非做公益。但是，根据我国现有法律，基金会只能是做慈善。这个案例中，法官对遗嘱条款意思进行合理的法律解释，把遗嘱中表述的"基金会"转化为"遗嘱信托"。遗嘱信托本质上是遗嘱和信托的结合，属于"民事信托"。遗嘱信托可以不需要委托信托公司，只需委托个人来打理遗产，从而保证后代有一个持续、稳定的收入，不至于一夜暴富产生许多问题。

问《民法典》如何规定宽宥制度？

答 宽宥制度是《民法典》继承篇新增的规定。法律规定在一些极端情况下可剥夺继承人的继承权，比如继承人故意杀害或者遗弃被继承人的。《民法典》第1125条第2款首次明确，除了故意杀害被继承人和为争夺遗产杀害其他继承人两种极端行为外，对于继承人做出的其他可能丧失继承权的行为，如果确有悔改表现，且被继承人表示宽恕或者事后在遗嘱中将其列为继承人的，那么产生不丧失继承权的效果。这就是遗嘱继承中的宽宥制度。宽宥制度的设立，主要是为了维护和谐稳定的家庭关系，给继承人改过自新的机会，同时也是切实尊重被继承人按照自己的意愿来安排身后财产。这与前述法律对于公证遗嘱效力问题态度一致，《民法典》更加尊重每个人的自由意志，《民法典》不仅仅是法典编纂，更体现了立法上的提升和进步。

---

* 方凡佳律师，厦门大学法学院民商法学硕士；福建旭丰律师事务所高级合伙人、党总支委员，民事专业委员会主任；入选省市两级优秀青年律师人才库；厦门市中级人民法院调解员；厦门大学法学院兼职讲师；福建省律师协会首批专业评定律师；内地—香港联合调解中心国际专业调解员。

** 杨吴德律师，毕业于西南政法大学，《民法典时代合同实务指南》作者。

009

《民法典》离婚冷静期制度的热点问题

FM99.6 厦门综合广播《新闻招手停》第 9 期

主持人：海蕾

主讲人：刘福来律师*、陈晓丽律师**

热点问题发现

1. 都到民政部门办离婚手续了还有冷静的必要吗？——以案例解析离婚冷静期制度设计的社会价值

2. 去法院起诉离婚可以绕得过离婚冷静期吗？——不排除个别法院以给离婚冷静期为由判决不准离婚

常见问题解答

问 什么是离婚冷静期制度？

答 离婚冷静期制度规定在2021年1月1日生效的我国《民法典》的第1077条。该条规定：自婚姻登记机关收到离婚登记申请之日起30日内，任何一方不愿意离婚的，可以向婚姻登记机关撤回离婚登记申请。前款规定期限届满后30日内，双方应当亲自到婚姻登记机关申请发给离婚证；未申请的，视为撤回离婚登记申请。

问 离婚冷静期制度制定的立法背景？

答 根据全国社会服务发展统计公报，从2017年到2019年这3年中，全国结婚登记和离婚登记的夫妻对数如下：2017年至2019年全国结婚登记夫妻对数分别是1063.1万对、1013.9万对、927.3万对；而这3年的离婚登记夫妻对数分别是370.4万对、381.2万对、404.7万对。而10年前的2007年至2009年这3年中，结婚登记的对数和现在差不多（991.4万对、1098.3万对、1212.2万对），但离婚登记的对数（145.7万对、160.9万对、180.2万对）却不到现在的一半。这两组数据一对比，表明人们对待婚姻的观念已经发生较大变化，不再隐忍自己认为不幸福的婚姻，这是离婚率攀升的重要原因之一。另一个原因是，2003年公布实施的《婚姻登记条例》，取消了离婚审查期及申请登记离婚须提供单位、村委会、居委会介绍信的规定，申请离婚更简单快捷。正是观念与制度的改变，使我国的离婚率居高不下。

问 离婚冷静期制度设计的目的是什么?

答 这一制度设计的主要目的是减少轻率离婚现象,稳定婚姻家庭关系,确保社会的稳定与和谐。众所周知,家庭是社会的细胞,是社会构成的基本单位。家庭乱了,社会必然不和谐了。正如《礼记・大学》所说的"身修而后家齐,家齐而后国治,国治而后天下平"。国家保护婚姻家庭,不仅保护基于婚姻而产生的夫妻关系,还要兼顾由婚姻而产生的父母子女关系、近亲属关系等。

问 离婚冷静期制度是我国特有的制度吗?

答 离婚冷静期制度不是我国特有的制度,国外也有,但制度设计不完全一样。美国和澳大利亚与我们差别较大,它们只有诉讼离婚,没有登记离婚。美国各州一般根据双方是否有未成年子女,为离婚当事人设置6个月或3个月的冷静思考时间。澳大利亚则分暂时判决和终局判决两种,法院首次宣告的为暂时判决,若双方于宣告后的1个月内达成和解,则可以撤销暂时判决。法国、俄罗斯和韩国跟我们更类似。《法国民法典》第231条规定了离婚考虑期制度,给3个月的考虑期。在俄罗斯,没有共同未成年子女的夫妻方可登记离婚,给1个月的审查期,相当于冷静期。有共同未成年子女的,必须诉讼离婚,法院给不超过3个月的和解期。韩国,设离婚熟虑期制度,有未成年子女的熟虑期为3个月,无子女或者子女已成年的,熟虑期为 1 个月。不轻易离婚,特别是有未成年子女的家庭,对离婚自由加以一定的限制,是各国立法的通例,是较为普遍的现象,目的都是保持社会的稳定。

问 诉讼离婚,法院可以要求 30 天的离婚冷静期吗?

答 关于离婚冷静期的提法,早在 2017 年 3 月 8 日就有四川省安岳县人民法院发的一份离婚冷静期通知书,规定 3 个月的冷静期,冷静期内原、被告双方原则上不得向对方提出离婚。而在民政部门登记离婚的情形,安岳县民政局也于 2018 年 4 月发出《离婚冷静提示书》,给予申请登记离婚的当事人 1 个月的冷静期。其实《民法典》中的冷静期制度就是在总结试点经验的基础上由立法专家归纳提炼而成的。但从《民法典》的条文来看,已经修正了诉讼离婚中由人民法院设置冷静期的做法。在我国,诉讼离婚能进行调解的,法院应先进行调解。但是,诉讼离婚没有关于 30 天离婚冷静期的强制性规定。诉讼离婚并不是今天起诉今天判离,从当事人申请立案到案件判决作出,往往需要较长的时间,当事人有很多时间冷静,故无须另行规定冷静期。

问 如果离婚冷静期内发生家庭暴力,也不能离婚吗?

答 我国出台的《反家庭暴力法》规定,家庭暴力受害人及其法定代理人、近亲属可以向加害人或者受害人所在单位、居民委员会、村民委员会、妇女联合会等单位投诉、反映或者求助。有关单位接到家庭暴力投诉、反映或者求助后，应当给予帮助、处理。家庭暴力受害人及其法定代理人、近亲属也可以向公安机关报案或者依法向人民法院起诉。一般而言，双方能协议离婚的，较少存在家庭暴力的问题。如果一方想离婚，另一方不同意离婚的，只能到法院诉讼离婚，因为诉讼离婚的不适用离婚冷静期的规定。

问 《民法典》实施至今，有多少夫妻因离婚冷静期制度受益？

答 2021 年 5 月 13 日，民政部公布了今年第一季度全国离婚数据，这是“离婚冷静期”实施以来公布的首次数据。2021 年第一季度全国离婚登记数仅 29.6 万对，远低于 2017 年以来各季度数据，同比 2020 年第一季度疫情期间的离婚率下降了一半以上，环比 2020 年第四季度下降了超七成。

问 离婚冷静期制度还需要哪些完善措施？

答 《民法典》离婚冷静期制度中未提及相关配套措施，比如婚姻咨询、调解等措施，这有待于民政部门提出相关举措，否则将使离婚冷静期的实践效果大打折扣。民政部门应当发挥主观能动作用，通过设置咨询机构、组建专业调解团队、培养婚姻咨询师、利用社区服务组织开展家庭亲子活动等方式来实现离婚冷静期制度的配套措施建设，以达到冷静、沟通、重塑形象、和好如初，实现立法目的。

问 关于婚姻，有什么好的建议？

答 离婚冷静期设置的初衷是希望离婚双方冷静思考婚姻中的问题，

做出不留遗憾的选择，我们希望在离婚冷静期中，每一对夫妻都能冷静思考，该珍惜的要珍惜，该放手的要放手，做出理智的选择。作为婚姻的当事人，更应当珍惜机会，积极自救，主动寻求心理咨询师、双方均信得过的亲朋好友、婚姻家庭专业律师的帮助，以期取得最好的结果，不留遗憾。

典型案例分析

案件名称：陈某某与黎某离婚纠纷案

案号：(2019)闽0203民初23770号

审理法院：厦门市思明区人民法院

案例来源：承办案件

基本案情 2005年，陈某某(女)与黎某(男)登记结婚。婚后，二人感情尚可，育有一女，但也时常因家庭琐事争吵。2015年3月的某一天，双方发生矛盾，女儿帮腔母亲陈某某，说了黎某几句，黎某情绪失控，出手推搡母女二人。次日，夫妻二人一气之下办理了离婚登记手续。在离婚后半个多月，陈某某在接待一名外地的男性好友时，因为是单身，也就没有顾忌太多，在海边拍摄了几张比较亲近的照片。离婚1个月后，双方气消了。黎某又后悔，遂多次恳求陈某某复婚。为了给孩子一个完整的家，陈某某同意复婚，并于2015年6月办理了结婚登记手续。复婚后，黎某发现该组照片，一直怀疑陈某某在前一次婚姻中就存在不忠行为，为此双方矛盾陡然升级，陈某某无奈之下提起离婚诉讼，两人最终反目成仇，也使孩子与父亲黎某的关系变得十分冷淡，形同陌路。

法院观点 陈某某与黎某之间婚姻经历较为波折，双方经历结婚到离婚再复婚又起诉离婚的过程，双方矛盾较大，难以调和。复婚后1年不到即开始分居至今已超过4年时间。本次陈某某诉求离婚，黎某同意离婚，可见夫妻感情确已破裂。陈某某诉求与黎某离婚具有事实基础和法律依据，法院依法予以支持。

裁判结果 准许陈某某与黎某离婚。

律师分析 结婚不是两个人的事，而是两个家庭，乃至两个家族的大事。相应地，离婚切断的是两个家族之间的纽带，牵涉面太广，影响其实很大。特别是有未成年子女的家庭，夫妻离婚后，如果反目成仇，孩子的日子尤其艰难。正是因为离婚会留下很多后遗症，《民法典》在制度设计时，其目的与作用除了减少冲动型离婚，抑制离婚率之外，更是促使夫妻双方在离婚前对未来生活的规划、子女抚养等进行更加理性、冷静的思考。

《民法典》第1077条规定，自婚姻登记机关收到离婚登记申请之日起30日内,任何一方不愿意离婚的,可以向婚姻登记机关撤回离婚登记申请。前款规定期限届满后30日内,双方应当亲自到婚姻登记机关申请发给离婚证;未申请的,视为撤回离婚登记申请。该条可具体解读如下:(1)离婚冷静期为30天;(2)30天冷静期从婚姻登记机关收到离婚登记申请书的第2天起算(当天不计入);(3)夫或妻任何一方均可撤回离婚申请;(4)撤回离婚申请不需要其他任何解释或理由,不想离婚即可;(5)递交离婚申请后的30天内的任何一天(实践中指工作日,最后一天是节假日的,则顺延至下一个工作日)可以撤回离婚申请;(6)递交离婚申请后的第31天至第60天中的任何一天(实践中指工作日,最后一天是节假日的,则顺延至下一个工作日)可以申请发给离婚证;(7)30天冷静期届满,第31天至第60天中双方未共同申请发给离婚证,视为撤回离婚登记申请。

本案中陈某某与黎某结婚后离婚再复婚后又离婚,感情一波三折,孩子也跟着父母遭殃。如果当时婚姻法中有离婚冷静期制度,我们相信,这对夫妻就不会因为一时冲动而协议离婚了。如果当时二人处于冷静期内,也不会出现拍照时的幺蛾子,那么现在的他们,也许还是幸福的一家。俗话说,宁拆十座庙,不毁一桩婚。《民法典》出台后,离婚冷静期确实为可以调和的婚姻设置了一个缓冲区,意义重大。

*　刘福来律师,厦门大学法律硕士;福建旭丰律师事务所合伙人、副主任、婚家财传业务部主任;福建省文明诚信先进律师;福建省婚姻家庭法、公司法专业律师;厦门市优秀律师;厦门市律协婚家财传专委会副主任、权保委副主任;厦门市法学会民商法学研究会理事;厦门市思明区第十八届人大代表。

**　陈晓丽律师,福州大学法律硕士;福建旭丰律师事务所专职律师、婚家财传业务部副主任。

010

以家人之名，是否真的是家人？
——《民法典》中关于收养的那些事儿

FM99.6 厦门综合广播《新闻招手停》第10期

主持人：海蕾

主讲人：沈玉洪律师[*]、王楚律师[**]

热点问题发现

1.收养关系下的主体问题？

2.收养评估对收养成立有何影响？

3.养父母与养子女发生矛盾，可以协议解除收养关系吗？

4.事实收养如何规定？

常见问题解答

问 我国法律对收养人和被收养人有什么特别的法律规定?

答《民法典》第 1098 条对收养主体即收养人要满足的条件进行了规定。一般情况下,收养人要同时满足五个条件,包括:年满 30 周岁、没有子女或者只有一名子女;具有抚养、教育和保护被收养人的能力,这个能力主要是指经济能力与完全民事行为能力;收养人本人没有患在医学上认为不应当收养子女的疾病,也没有对被收养人健康成长不利的违法犯罪记录,比如自身具有家暴、虐待、吸毒、赌博、拐卖、故意伤害等违法犯罪记录。除了收养人要具备一定条件外,被收养子女也需要符合相应的条件。《民法典》相较于之前《收养法》的变更,最主要体现在:《收养法》原规定被收养人需是未满 14 周岁的未成年人,《民法典》则将 14 周岁的年龄限制摘除,只要是未成年人就可以成为被收养人。当然,被收养人除了需是未成年人外,还需要满足是丧失父母的孤儿,比如汶川大地震中同时失去父母的孩子,或者说查找不到生父母的未成年人,或者是生父母有特殊困难无力抚养的子女。只要未成年人符合上述其中一项,都可以成为被收养人。

问 无配偶的单身男性作为收养人,法律规定是否更为严格?

答 对无配偶单身男子作为收养人,并且收养异性孩子的,《民法典》第 1102 条明确规定,收养人与被收养人之间年龄应当相差 40 周岁。

问 收养手续有哪些?

答 办理收养手续涉及收养程序问题。《民法典》第1105条对此作出了详尽的规定,简要总结为"收养评估—公告—登记—协议签订—公证"。其中必要的程序包括登记和收养评估两个环节。收养登记前,县级以上民政部门要对收养人进行全方面的评估,符合条件方才予以登记。这个收养评估是收养的前置条件,非常重要。如果被收养人是查找不到生父母的未成年人,办理登记的民政部门在登记前还要进行公告。签订协议和公证不是收养必要的程序,不影响收养关系的成立。

问 收养评估对收养成立有何影响?

答《民法典》增加的收养评估制度,是对被收养人利益保障的一大进步。和《民法典》同步施行的民政部《关于印发〈收养评估办法(试行)〉的通知》细化了民政部门对收养申请人是否具备抚养、教育和保护被收养人的能力进行调查、评估。在该通知第8条中规定了收养评估内容包括收养申请人的以下情况:收养动机、道德品行、受教育程度、健康状况、经济及住房条件、婚姻家庭关系、共同生活家庭成员意见、抚育计划、邻里关系、社区环境、与被收养人融合情况等。《收养评估办法(试行)》规定,收养申请人与被收养人要有不少于30日的时间与被收养人相处,试着了解与接纳减少磨合期。在该通知第9条中还规定了四步收养评估流程,即书面告知、评估准备、实施评估、出具评估报告。

民政部门对收养关系进行实质性的评估和考察，最终形成评估报告，以作为是否准许收养登记的重要参考。

问《民法典》对收养人数有限制吗？如果收养人经济条件好，喜欢孩子，可以收养多名子女吗？

答《民法典》第1100条对收养人数作出了规定：无子女的收养人可以收养两名子女，有子女的收养人一般情况下只能收养一名子女。但是法律也有例外情形，也就是说，如果收养的是孤儿、残疾未成年人或者儿童福利院抚养的查找不到生父母的未成年人，是不受上述限制的，可以多收养。

问养父母与养子女发生矛盾，可以协议解除收养关系吗？

答《民法典》第1115条规定，养父母与成年养子女关系恶化，无法共同生活的，可以协议解除收养关系，不能达成协议的，可以向人民法院提起诉讼。一旦收养关系解除后，经养父母抚养的成年养子女，对缺乏劳动能力又缺乏生活来源的养父母，养子女应当给付生活费。如果因养子女成年后虐待、遗弃养父母而解除收养关系的，养父母可以要求养子女补偿收养期间支出的抚养费。

典型案例分析

案件名称：张某1诉张某2等遗嘱继承纠纷案

案号：(2019)鲁03民终3861号

审理法院：山东省淄博市中级人民法院

案例来源：中国裁判文书网

基本案情 张某1、徐某与张某2、张某3、张某4系兄弟姐妹关系，亲生父亲为被继承人张某5，张某5与其妻子即本案当事人的母亲已经离婚。徐某在三四岁时过继给其姑姑、姑父，因初中毕业没有学籍，其14岁时将其户口迁至姑姑、姑父的户口上，并改名为徐某，其15岁左右回到了亲生父母的身边并上班。2019年三四月，张某5被查出患病。2019年7月7日，张某5在陈某、顾某的见证下，于家中立下一份遗嘱，由顾某在张某2家中用打印机打印。其中遗嘱第2条写明：(1)立遗嘱人于2001年3月取得了位于山东省淄博市淄川区吉祥路73号楼1单元301室房屋产权，房屋建筑面积88.64平方米，房屋所有权证号：04－0022820；(2)因本人目前由女儿张某2独自赡养，故自愿将该房屋产权全部赠与女儿张某2个人，与其他人无关。立遗嘱人：张某5；见证人：陈某；执行人：顾某。张某5、陈某、顾某均在遗嘱上签名、捺手印。被继承人张某5于2019年7月13日因病去世。涉案房产的《房屋所有权证》

中注明的房屋所有权人：张某5，坐落地：淄川区吉祥路73号C区，房号：1－301号，房屋所有权证号：淄博市房权证淄川区字第××号。

法院观点 本案争议的焦点：(1)上诉人徐某是否享有继承权；(2)案涉遗嘱的法律效力。针对焦点一，法院认为：上诉人徐某自述三四岁时跟随其姑父、姑姑生活，14岁将户口迁至其姑父、姑姑户口上并改名徐某，15岁回到亲生父母身边开始工作，因此，徐某自小与其姑父、姑姑长期共同生活直至其参加工作能够独立生活，双方之间形成了养父母子女之间的权利义务关系，一审判决对该事实认定正确，法院予以确认。上诉人徐某虽然主张其跟随姑父、姑姑生活是为了照顾多病的姑姑，但这与上诉人徐某的年龄、能力明显不符，法院对此不予采信。养子女与生父母之间的权利义务关系因收养关系的成立而解除，因此上诉人徐某对于其生父张某5不再享有继承权。上诉人徐某主张在张某5去世前几年内对张某5尽到了较多的赡养义务，但未提交有效证据证实，其他多数继承人对此也不认可。即使存在该事实，徐某的该项主张也是在法定继承情形下的遗产处置，在本案涉及遗嘱继承的情况下并不适用。故对于上诉人徐某的该项上诉请求，法院不予支持。关于焦点二，本案遗嘱属于代书遗嘱，按照《继承法》的规定，代书遗嘱应当有两个以上见证人在场见证，由其中一人代书，注明年、月、日，并由代书人、其他见证人和遗嘱人签名。案涉遗嘱系电脑打印件，该遗嘱上有遗嘱人张某5签字，有陈某、顾某签字见证。虽然顾某在“执行人”处签字，但《继承法》并未对遗嘱的形式要件作出执行人的规定，顾某一审中作为证人出庭作证，证实其见证了张某5订立遗嘱的过程，因此顾某应属于案涉遗嘱的见证人。案涉遗嘱符合《继承法》关于代书遗嘱的构成要件，合法有效。上诉人张某1、徐某主张被继承人张某5去世之前意识不清，不能表达真实意思，但被上诉人张某2一审中提交的视频资料显示，在见证人与张某5的对话中，张某5意识清醒，明确表示案涉房产留给张某2，因此上诉人的该上诉理由与事实不符，法院不予采信。

裁判结果 一审法院判决：(1)被继承人张某5于2019年7月7日签署的遗嘱合法有效；(2)被继承人张某5的遗产：位于淄川区产(所有权证号：淄博市房权证淄川区字第××号)由张某2继承所有；(3)张某1、张某3、张某4于本判决生效之日起10日内协助张某2办理张某5名下位于淄川区产(所有权证号：淄博市房权证淄川区字第××号)房产的过户手续；(4)驳回张某1、徐某的反诉请求。

二审法院判决：驳回上诉，维持原判。

律师分析 本案涉及养子女与生父母之间的权利义务关系问题。虽然血缘关系无法切断，但是收养的结果会导致养子女与生父母之间的权利义务发生消除，即生父母没有抚养未成年养子女的义务，养子女同样也没有赡养生父母的义务及继承生父母财产的权利。本案中，徐某与生父母之间的权利义务关系已因收养关系的成立而消除,故徐某不享有对生父母遗产的继承权。

---

* 沈玉洪律师,福建旭丰律师事务所民事部副主任、拥有经济师、中职学校法律专业教师、律师三师资格,厦门市法律援助中心、湖里区法律援助中心、思明区法律援助中心援助律师,2020 年、2021 年旭丰所履行社会责任先进律师、2021 年旭丰所优秀律师。

** 王楚律师,毕业于厦门大学;厦门城市职业学院兼职老师。

Part Two

第二编 合同编

2

011

商品房买卖合同相关纠纷（上）

FM99.6 厦门综合广播《新闻招手停》第 11 期

主持人：海蕾

主讲人：张集森律师、林琬琳律师

热点问题发现

1. 开发商虚假宣传/误导式宣传。
2. 开发商提供的精装修质量达不到合同约定/样板房展示效果的问题。

常见问题解答

问 开发商误导式宣传,如何应对?

答 例如,某售楼处的广告标语是“名校云集,让您无忧”,同时在楼盘销售示意图中,用醒目的红色五角星标注某学校,加上售楼小姐在介绍楼盘概况时往往会使用类似于“距离我们小区步行五分钟就是某知名学校”的言论,此时购房者很容易陷入开发商所营造的广告圈套,冲动之下购买房产后却发现与该小区相邻的实际上一共有三所小学,而最终该小区就读的小学是哪一所暂无法确定。这种情况下该如何处理,是否能够起诉开发商呢?是否能够起诉开发商不能一概而论,在此先普及一下相关的法律规定。最高人民法院发布的《关于审理商品房买卖合同纠纷案件适用法律若干问题的解释》第3条规定了商品房的销售广告和宣传资料是要约邀请,但是出卖人就商品房开发规划范围内的房屋及相关设施所作的说明和允诺具体确定,并对商品房买卖合同的订立以及房屋价格的确定有重大影响的,构成要约。该说明和允诺即使未载入商品房买卖合同,亦应当为合同内容,当事人违反的,应当承担违约责任。根据上述规定,起诉开发商承担违约责任,至少需要具备以下三个条件,缺一不可:(1)开发商的详细说明和允诺的范围必须是规划范围内的;(2)开发商作出的说明和允诺需要具体确定;(3)开发商作出的说明和允诺需要对房屋价格产生重大影响。首先,标注红色五角星的小学,大概率不属于规划范围内;其次,开发商只是陈述性介绍小学和小区的距离,并没有作出就读的承诺;最后,该小学的确可能对房子价格产生一定影响,但是否构成重大影响实际上尚有争论。就普遍性的角度而言,房子的目的是居住,不能因为购房者个人认为其目的是就读名校,就直接判定学区条件能够对房屋价格产生重大影响。在具体的案件处理过程中,法院或仲裁机构需要结合开发商卖房时对外发布的广告内容和陈述的信息来认定开发商是否有存在误导性宣传或虚假宣传的情形,如果小区业主能够提供完整的证据链证明开发商存在虚假或误导性宣传的行为,则开发商可能需要承担一定责任;反之如果没有完整有效的证据来证明开发商的宣传行为存在瑕疵,则可能无法要求开发商承担责任。

问 什么叫精装修房?

答 精装修房是相对于毛坯房而产生的一个概念,它并不是一个严格意义上的法律概念。根据住房和城乡建设部发布的《商品住宅装修一次到位实施导则》第 1.1.2 条规定,“商品住宅装修一次到位所指商品住宅为新建城镇商品住宅中的集合式住宅。装修一次到位是指房屋交钥匙前,所有功能空间的固定面全部铺装或粉刷完成,厨房和卫生间的基本设备全部安装完成,简称全装修住宅”。目前,我们所说的精装修房,实际上是装修较为完善的全装修住宅,它应当符合的强制标准有两个:(1)固定面的全部铺砖或粉刷完成;(2)厨房和卫生间的基本设备全部安装完成。

问 购买精装房时，应当如何留存材料更有利于防止发生争议？

答 在购房时，注意留存以下材料：（1）根据《商品房销售管理办法》第32条“销售商品住宅时，房地产开发企业应当根据《商品住宅实行质量保证书和住宅使用说明书制度的规定》（以下简称《规定》），向买受人提供《住宅质量保证书》、《住宅使用说明书》”。这两份是开发商必须向购房者提供的强制性文件，大家要及时索取和保存。（2）大家在签订购房合同时，要详细阅读关于房屋交付标准的约定，若是笼统地表述为精装修标准或者优良标准，是存在严重隐患的，至少应当要求将交付房屋所配备的设备以及设备的品牌清楚载明。（3）建议大家在参观样板房时，要详细了解交付标准，若有条件可以留下相关的视频和照片资料。

问 若发生交付的精装房与样板房存在差距，则样板房所展示的装修标准应当由哪一方举证？

答 这个问题目前在司法层面仍然有争议。有观点认为，主张参照适用样板房标准的购房者应当证明样板房的标准；但也有观点认为，样板房的封存义务应当由开发商承担。目前福建省尚无相关规定，但参考江苏省高级人民法院民事审判第六庭印发的《商品装修房买卖合同装修质量纠纷案件审理指南》第2条第5点“对当事人约定装修质量要求的认定，一般应依据商品房买卖合同、装修合同、装饰装修标准确认书、补充协议等书面合同的内容予以确定。不能确定的，结合商品房销售资料如广告宣传情况、样板房设置情况等以及房屋装修施工资料如装修材料清单、装修材料价格等载明的内容综合认定”以及第10条第3点“出卖人作为商品装修房的提供者，应当持有装修施工合同、装修施工图纸、材料设备采购合同等证据。以样板房为装修质量交付要求的，出卖人还负有封存样板房以及说明样板房质量的义务”的规定，我们认为，开发商作为提供样板房一方的强势主体，其具备保存和提供样板房资料的能力，江苏省的上述规定具有比较大的参考意义。

问 开发商配备的屋内设备设施发生故障，导致小区业主损失，责任如何承担？

答 根据最高人民法院《关于审理商品房买卖合同纠纷案件适用法律若干问题的解释》第10条的规定，“因房屋质量问题严重影响正常居住使用，买受人请求解除合同和赔偿损失的，应予支持。交付使用的房屋存在质量问题，在保修期内，出卖人应当承担修复责任；出卖人拒绝修复或者在合理期限内拖延修复的，买受人可以自行或者委托他人修复。修复费用及修复期间造成的其他损失由出卖人承担”。因此，开发商配备的屋内设施设备发生故障，给小区业主造成损失的，应当由开发商承担赔偿责任。

问 开发商没有配备售楼广告中提及的幼儿园是否属于根本违约，小区业主能否解除《商品房买卖合同》？

答 根据《民法典》第563条第1款的规定，以下五种情形可以解除合同：(1)因不可抗力致使不能实现合同目的；(2)在履行期限届满前，当事人一方明确表示或者以自己的行为表明不履行主要债务；(3)当事人一方迟延履行主要债务，经催告后在合理期限内仍未履行；(4)当事人一方迟延履行债务或者有其他违约行为致使不能实现合同目的；(5)法律规定的其他情形。这五种情况用通俗的语言概括理解，就是指出现根本违约的情形，导致房屋买卖合同的目的不能实现。如果"配备幼儿园"的承诺是在用地规划范围内，并且明确地发布在销售广告或直接写在合同里，那开发商需要为自己没有配套建设幼儿园的违约行为承担一定责任。

012

商品房买卖合同相关纠纷（下）

FM99.6 厦门综合广播《新闻招手停》第 12 期

主持人：海蕾

主讲人：李志鹏律师、卢泽潇律师

热点问题发现

1. 逾期交房涉及的法律问题。

2. 公积金政策调整导致商品房买卖合同的签订和履行问题。

常见问题解答

问 房屋不符合约定或法律规定的交付条件，购房者拒绝接收，导致逾期交房的责任谁承担？

答 我国《建筑法》、《房地产管理法》、《城市房地产开发经营管理条例》以及《建设工程质量管理条例》等法律法规中明确规定建筑工程,必须符合国家的有关标准和规范,经竣工经验收合格后,方可交付使用。

另外,住房和城乡建设部、原工商总局印发的《商品房买卖合同(预售)示范文本》(GF—2014—0171)第9条约定的商品房交付条件:该商品房已经取得建设工程竣工验收备案证明文件;该商品房已经取得房屋测绘报告;若商品房为住宅的,还应当提供《住宅使用说明书》和《住宅质量保证书》("两书")。

同时,《商品房买卖合同(预售)示范文本》第10条还约定购房者与开发商可就基础设施设备(如供水、排水、供电、燃气、电话通信、有线电视、宽带网络)和公共服务及其他配套设施(如小区内绿地率、小区内非市政道路、规划的车位车库、物业服务用房、医疗卫生机构、幼儿园、学校等)作出选择性约定。

基于法律法规的规定和示范文本的约定,如果购房者签订的《商品房买卖合同》进行了相关的约定,房地产开发企业在合同约定的期限内未具备约定的交付条件,开发商就应当承担延期交房的责任,如果开发商在未取得以上约定条件时就通知购房者收房的,购房者有权拒绝开发商的收房要求,且由开发商继续承担延期交付的责任。同时,购房者与开发商可以约定高于上述示范性文本所约定的交付条件,但是不能约定低于示范性文本的交付条件。

问 房屋存在质量问题,购房者拒绝收房,导致逾期交房的责任谁承担?

答《商品房销售管理办法》第35条规定买受人认为主体结构质量不合格的,可以依照有关规定委托工程质量检测机构重新核验。经核验确属主体结构质量不合格的,买受人有权退房;最高人民法院《关于审理商品房买卖合同纠纷案件适用法律若干问题的解释》第9条规定,因房屋主体结构质量不合格不能交付使用,或者房屋交付使用后,房屋主体结构质量经核验确属不合格,买受人请求解除合同和赔偿损失的,应予支持;该司法解释第10条规定,因房屋质量问题严重影响正常居住使用,买受人请求解除合同和赔偿损失的,应予支持。交付使用的房屋存在质量问题,在保修期内,出卖人应当承担修复责任;出卖人拒绝修复或者在合理期限内拖延修复的,买受人可以自行或者委托他人修复。修复费用及修复期间造成的其他损失由出卖人承担。

依据上述规定,如果房子出现主体结构质量问题,或其他严重质量问题导致无法正常居住使用的,购房者可以拒绝收房,甚至是解除合同,要求退还购房款。如果只是一般的瑕疵问题,购房者只能要求开发商承担维修责任,不能作为拒收房屋的理由。

问 实践中,开发商逾期交房抗辩的理由主要有哪些?

答 开发商提出的免责抗辩事由主要有两类:一是不可抗力事由,二是第三人导致逾期的事由。具体情形:

1. 灾害性天气造成逾期交房,如天灾、地震、海啸等。一般的降雨天气或者某段时间降雨偏多的气候等，因为不属于不可预见的自然事件，故不构成不可抗力，对于有资质、有经验的房地产开发企业来说，应当对其开发项目所处地区的气候条件及其可能对工程施工及交付造成的影响有所预见，并且应当据此安排施工工期，避免影响，确保按期交房。如果天气的恶劣程度达到超出正常预期，则应当认定为属于不可抗力的灾害性天气，如2008年的异常冰雪天气造成的冰灾、2016年的台风莫兰蒂等。

2. 突发性公共卫生事件造成逾期交房。如2020年爆发的新冠肺炎疫情系开发商在签订房屋买卖合同时无法预见，且在合同履行过程中不能避免、无法克服的突发性公共卫生事件，其符合不可抗力成立的要件，实践中很多楼盘工地因疫情防控被迫停工或因人力、材料等短缺，工期正当顺延，确实严重影响了工期。如开发商能够证明逾期交付行为与疫情防控这一不可抗力之间具备直接因果关系，则依法亦能免除逾期交付的违约责任。

3. 政策法规变化造成逾期交房。在开发商与购房人签订购房合同后，政策法规的变化属于开发商不能预见、不能避免并不能克服的客观情况。如政策变化导致验收期间延长。

除上述情况外，开发商往往还会主张因第三人原因造成的逾期交房应予免责。特别是在厦门，开发商还会提到马拉松赛、九八贸易洽谈会、高考、中考等事由对工期的影响。对于这些免责事由能否成立，一般根据是否可以预见、是否可以避免或克服以及是否能提交相应的施工日志等证据材料来综合判断。

问 开发商逾期交房，应承担什么违约责任？

答 一般合同会约定如果开发商逾期交房，应按日支付逾期交房违约金，且超过一定期限，购房人有权解除合同。

根据《民法典》中违约金的规定，违约责任主要是一种损失弥补的责任，某些情况下也兼具惩罚性的作用。但是逾期交房的损失一般难以确定，故在因逾期交房产生的商品房买卖合同纠纷中，确定了开发商构成逾期交房之后，常见的争议就是违约金的计算标准是否应予调整的问题。

可能现实生活中，我们购房人经常遇到的情况是，实际损失很难证明，在追究开发商违约责任的时候，通常主要的依据就是合同约定的违约金计算条款。但是商品房买卖合同一般是由开发商提供，开发商为规避自己的法律责任常常会将逾期交房的违约责任计算标准约定得很低，购房人可请求法院调高违约金。同时，由于逾期时间较长等原因，开发商也可能主张违约金过高，请求法院调低。

问 公积金政策调整，导致购房者无法利用公积金贷款买房，能否主张不可抗力要求解除购房合同？

答 最高人民法院《关于审理商品房买卖合同纠纷案件适用法律若干问题的解释》第 4 条规定，出卖人通过认购、订购、预订等方式向买受人收受定金作为订立商品房买卖合同担保的,如果因当事人一方原因未能订立商品房买卖合同,应当按照法律关于定金的规定处理;因不可归责于当事人双方的事由,导致商品房买卖合同未能订立的,出卖人应当将定金返还买受人。该司法解释第19条规定,商品房买卖合同约定,买受人以担保贷款方式付款、因当事人一方原因未能订立商品房担保贷款合同并导致商品房买卖合同不能继续履行的,对方当事人可以请求解除合同和赔偿损失。因不可归责于当事人双方的事由未能订立商品房担保贷款合同并导致商品房买卖合同不能继续履行的,当事人可以请求解除合同,出卖人应当将收受的购房款本金及其利息或者定金返还买受人。

不可抗力可以作为免责,甚至是解除合同的事由,但上述法律还规定了另外一个免责、解除合同的事由,即"不可归责于当事人双方的事由",限贷、限制使用公积金贷款、限购政策等,就属于这类事由。但以此事由主张免责、解除合同时要注意以下几点:

1. 适用的前提是双方明确约定了使用公积金贷款作为支付方式。

2. 公积金贷款政策在双方约定的办理贷款期限之前变更,即双方无其他违约责任,仅是因公积金贷款政策变更导致合同无法继续履行的。

3. 如因一方违约导致未能在双方约定的期限前办理贷款手续,此后公积金贷款政策变动导致合同无法继续履行或继续履行将使守约方遭受损失的,应由违约方承担违约责任,赔偿损失。如因双方违约导致未能在约定期限前办理贷款手续的，应根据双方的过错承担确定双方的违约责任。

4. 除公积金贷款外，其他房地产的调控政策，如限购、限售、限贷等，亦属于“不可归责于双方当事人的事由”。

典型案例分析

案件名称：黄先生与某房地产公司商品房预售合同纠纷案

案号：(2019)闽02民终115号

审理法院：厦门市中级人民法院

案例来源：中国裁判文书网

基本案情 2013年2月，黄先生与某房地产公司签订一份《厦门市商品房买卖合同》及附件，约定黄先生向某房地产公司购买思明区厦禾路一处房屋，该房产系预售商品房，约定房屋在2015年9月30日前交付。2016年6月，某房地产公司通知黄先生办理交房手续后，黄先生与某房地产公司进行房屋交接验收，双方于当日签署的《交接验收表》载明房屋不少部位均存在不同程度的质量瑕疵，主要包括部分部位木饰面需补漆、部分木作破损、磕伤等，并注明所有铝合金窗框均需重新打胶，业主认为密封性及防水性太差,墙纸需要更换。黄先生因上述质量问题拒绝接收讼争房屋。此后,某房地产公司对讼争房屋进行维修,2016 年 10 月 8 日再次前往检查验收时,发现绝大部分质量问题都未得到明显整改。且因要求维修窗户未整修,此次所有房间漏水严重,每间房间都有干掉的大面积水渍,木地板大面积泡水,其一客卧已由窗户漫到接近门口的洗手间,窗户密封性存在明显不足,窗户一侧墙纸明显起褶皱、脱离墙面。最后房屋于 2017 年 2 月才交付给黄先生。

法院观点 黄先生虽曾于 2016 年 6 月办理收房手续,但因讼争房屋存在质量问题,黄先生并未予以接收。虽然 2016 年 6 月的《交接验收表》中所记载的瑕疵内容尚不足以完全影响整体居住使用,但某房地产公司在黄先生要求整修房屋后,并未及时履行其维修义务,亦未通知黄先生接收房屋,导致此后房屋质量问题的进一步扩大,并实际影响此后黄先生对于讼争房屋的居住,直至 2017 年 2 月讼争房屋才实际交付给黄先生。讼争房屋系住宅,某房地产公司怠于履行维修义务导致质量问题进一步扩大,而黄先生也因某房地产公司的修复而未实际使用该房屋,故黄先生要求某房地产公司对修复期间造成其无法入住的经济损失进行赔偿,合理有据,应酌情支持。

裁判结果 支持黄先生要求某房地产公司赔偿因房屋质量问题产生的部分经济损失。

律师观点 房屋存在一些小瑕疵不能作为拒绝收房的理由，但开发商仍负有及时维修的义务，如果开发商拒绝维修或维修不当，造成损失扩大，或是购房者一段时间内无法正常使用房子的，仍要承担损失赔偿责任。另外，房屋存在严重质量问题并严重影响正常居住使用的，但如果双方约定房屋质量问题不影响交房且购房人已实际收房的，购房人可请求解约退款，开发商不承担逾期交房的违约责任。

013

业主与物业之间的“爱恨情仇”

FM99.6 厦门综合广播《新闻招手停》第16期

主持人:海蕾

主讲人:陈琦律师、李苏律师

热点问题发现

1. 物业公开作出的服务承诺,对物业有约束力吗?
2. 小区发生了偷盗事件,业主可以要求拒交物业费吗?
3. 未实际入住小区,可以不交物业费吗?
4. 业主对物业服务不满意,如何更换物业?

常见问题解答

问 哪些主体可以为小区业主提供物业服务？

答《民法典》施行后，提供物业服务的主体为“物业服务人”。根据《民法典》第937条第2款的规定，物业服务人包括物业服务企业和其他管理人。其他管理人既包括业主，也包括能够提供物业服务的其他组织及自然人。《民法典》的该条规定为提供物业服务的主体设置了更为宽松的准入条件。

问 业主没有签订物业服务合同的情况，可以不交物业费吗？

答 物业服务合同主要分为前期物业服务合同与普通的物业服务合同。

前期物业服务合同是指在物业服务区域内的业主、业主大会选聘物业服务人之前，由房地产建设单位与物业服务人签订的合同。尽管该合同中的物业服务人系建设单位选定，但建设单位同物业买受人（业主）签订房产买卖合同时，包含了双方之间转让前期物业服务合同的合意，因此，前期物业服务合同在转让后对业主产生约束力，根源在于业主对房地产建设单位所签订的前期物业服务合同的概括承受。另外，业主购买了建筑物的专有部分，就自动加入对共有部分的共有关系，享有共同管理物业的权利并承担义务，成为前期物业服务合同的一方当事人。所以尽管业主不是签订前期物业服务合同的主体，仍受该合同的约束，业主仍应依约交纳物业费。普通的物业服务合同则是指业主委员会根据业主大会的决议,与自行选聘的物业服务人签订的物业服务合同。该合同之所以对业主具有法律约束力,是由业主大会和业主委员会作为业主自我管理机制的权力机关和执行机关的法律地位决定的。因此,业主也应当依据普通的物业服务合同交纳物业费。

问 哪些属于物业公司的服务范围?

答《民法典》第942条规定:"物业服务人应当按照约定和物业的使用性质,妥善维修、养护、清洁、绿化和经营管理物业服务区域内的业主共有部分,维护物业服务区域内的基本秩序,采取合理措施保护业主的人身、财产安全。对物业服务区域内违反有关治安、环保、消防等法律法规的行为,物业服务人应当及时采取合理措施制止、向有关行政主管部门报告并协助处理。"从该条规定可以看出,物业服务人服务义务的来源主要为合同约定的服务义务以及根据物业使用性质派生的服务义务。具体分析该条规定,物业服务人的服务义务可以分为下述六个方面:维修养护义务、环境管理义务、经营管理义务、秩序维护义务、安全保护义务、制止违法行为并向有关机关报告及协助处理的义务。

问 物业公司作出的承诺是否属于物业公司的服务范围?

答 这个问题《民法典》已有明确的回应。《民法典》第938条第2款规定,"物业服务人公开作出的有利于业主的服务承诺,为物业服务合同的组成部分"。这就意味着物业公司公开作出的有利于业主的服务承诺也属于其应提供的服务内容。

问 业主的车辆在小区内被偷盗，业主可以要求拒交物业费吗？

答 这个问题需要结合案件的证据来看。在这里暂简要分析。如果物业公司严格按照物业服务合同的约定对小区采取了相应的安全保障措施，谨慎充分合理地履行了安保义务，在小区内发生偷盗事件中并不存在过错，这种情况下，法院一般认定业主仍应依约交纳物业费。但考虑到业主是因车辆在小区内被盗，对物业公司的服务质量不满意才拒交物业费的，有的法院会从利益平衡的角度减免逾期支付物业费的滞纳金。

问 业主如何收集物业服务不到位的证据？

答 首先，在日常生活中，要有针对性地记录物业公司在合同履行过程中各种违约情形发生的时间、地点、情况，可以通过采取拍照、摄像、录音或文字记录对方签字、证人证言等方式保留收集好相应的证据，也可收集当地较有公信力的媒体的报道材料。其次，采取主动沟通的方式，并保留好沟通的记录。再次，及时通过书面的方式向业主委员会、街道办、社区反映物业公司的问题，并保留业主委员会及相关部门与物业沟通过程中的材料。最后，在诉讼中，也可申请法院至物业现场查看，以此增强法院产生物业公司“服务不到位”的内心确信。

问 业主未实际入住小区，可以不交物业费吗？

答 这种情况，业主不能拒绝交纳物业费。《民法典》第 944 条第 1 款明确规定:“业主应当按照约定向物业服务人支付物业费。物业服务人已经按照约定和有关规定提供服务的,业主不得以未接受或者无需接受相关物业服务为由拒绝支付物业费。”据此,虽然业主未实际入住,房屋空置,但小区仍需清洁打扫卫生,巡查维护公共秩序,维修维护设施设备等。物业服务人既然已按照约定和有关规定提供了服务,业主就应当按照约定向物业服务人支付物业费。

问 业主对物业服务不满意,如何更换物业?

答 根据《民法典》第 946 条第 1 款的规定,业主依照法定程序共同决定解聘物业服务人的,可以解除物业服务合同。法定程序即根据《民法典》第 278 条的规定,需通过业主大会的形式,由专有部分面积占比 2/3 以上的业主且人数占比 2/3 以上的业主参与表决。并且应当经参与表决专有部分面积过半数的业主且参与表决人数过半数的业主同意。简单来说就是需要持权和人数均占 2/3 以上的业主参加,并且参加的业主要过半数通过。依照法定程序作出决定是业主解聘物业服务人的必备环节,它直接决定了业主解除物业服务合同的正当性,如果未经过正当程序作出决定,则不能产生全体业主解聘物业服务人的意思效果。

问 业主个人能否解聘物业公司?

答 《民法典》第 278 条亦规定选聘和解聘物业服务企业或者其他管理人属于业主共同决定的事项,且需符合专有面积及人数双重多数决的程序。因此,无论是建设单位与物业服务人签订的前期物业服务合同还是业主委员会代表全体业主与物业服务人签订的物业服务合同,业主均应当遵守。合同解除权利属于全体业主享有的权利,单一业主无权独立解除合同。

问 通知物业公司解除合同的主体及通知时间?

答 实践中一般是业主大会作出决定后业主委员会向原物业服务人通知解除合同,如果物业服务合同没有对合同解除通知期限另外进行约定,业主大会作出解聘决定后,必须提前60日以书面方式通知物业服务人方能产生合同解除的效力。

典型案例分析

案件名称:重庆某物业公司诉刘某某物业服务合同纠纷案

案号:(2019)渝0235民初6134号

审理法院:重庆市云阳县人民法院

案例来源:中国裁判文书网

基本案情 重庆某物业公司主张其已按照《前期物业服务合同》为刘某某所在小区提供物业服务,刘某某应支付2018年6月17日至2019

年6月17日拖欠的物业管理费。刘某某主张:物业公司各项服务不到位,其有权拒绝支付物业费;《前期物业服务合同》已于2018年6月19日小区业主委员会成立之日终止,双方已不存在合同关系;物业公司损害小区设施设备,存在根本违约,应赔偿损失,请求驳回物业公司的诉讼请求。

法院观点　小区业主大会或业主委员会未明确作出不再续签前期物业服务合同的决定且小区尚未选聘到新的物业管理公司的情况下,当地社区居民委员会也多次组织协调要求在选聘到新的物业管理公司前,仍由重庆某物业公司继续提供物业服务。据此物业公司依据前期物业服务合同的约定继续履行了物业服务义务,刘某某也实际享受了原告提供的物业服务,理应支付物业服务费;业主提出物业公司服务不到位的抗辩,法院经调查核实,认为刘某某的证据不足以证明原告提供的物业服务存在严重瑕疵。因物业服务具有动态性、公共性和广泛性,物业公司在实施物业服务中可能会存在问题,业主可以向其提出改正意见,或通过业主委员会提出改正意见,或向房地产行政主管部门反映,直至由业主委员会解聘该公司,但不能成为业主拒交物业服务费的理由和依据。

裁判结果　刘某某于本判决生效后10日内支付原告重庆某物业公司2018年6月17日至2019年6月17日的物业服务费1010.00元……

律师分析　物业服务合同纠纷一般表现为物业公司起诉业主支付物业费,

业主提出“物业服务不到位，不应交纳或不应全额交纳物业费”的抗辩，案件审理的难点不在于对原告诉请的审查，而在于对被告抗辩事实和理由的认定。

首先，就业主的上述抗辩，人民法院一般审查业主主张的服务是否属于物业服务企业的服务范围，即该主张是否属于物业服务合同约定的服务义务、根据物业使用性质派生的服务义务以及物业服务人公开作出的有利于业主的服务承诺。若不属于物业服务人的服务范围，如业主以建筑物质量为由提出的抗辩，因建筑物的质保维修属于房屋开发商的义务，业主以此为由拒绝交纳物业服务费的，人民法院不予支持。

其次，根据证据规则，业主提出物业服务不到位，应当承担举证证明责任。但诉讼中，业主举证一般有且仅有照片及视频资料，而物业服务具有无形性、动态性、内容多样性，法院根据被告的举证往往难以查明物业服务的真实情况，导致法院多数情况下以被告举证不能而判决业主败诉，该种处理方式易引发业主不满，激化矛盾，不利于纠纷的实际化解。对此，笔者认为，人民法院可以在当事人举证的基础上进行实地走访调查，了解物业服务的真实履行情况。

另外，被告抗辩事实是否成立，法院是否减免物业费，实际上归结于物业服务质量是否达标、符合约定。由于物业服务合同的内容具有无形性、服务内容多样性、公共性等特性，因此判定物业服务是否达标，应从多个方面综合判断。在物业服务存在轻微瑕疵的情况下，法院可以认定物业公司违约，将业主的意见反馈给物业公司，责令物业公司整改，必要情况下引导业主向行政主管部门反映，但不宜认定业主抗辩事实成立，不宜减免物业费。只有在物业服务企业服务存在的瑕疵达到较为严重的程度时，才能判决支持业主抗辩主张，对物业收费进行相应的扣减。[①]

---

① 参见曾召德：《重庆新明浪物业服务有限公司诉刘某某物业服务合同纠纷案（优案评析）》，载 https://alphalawyer.cn/#/app/tool/excellentCase/detail/89B5BA616D517F78AC662E5F9A0BD33C?queryId=49e70915f65b11eb93bb6c92bf3bb12b&focus=1&relation=115234056，最后访问日期：2022年2月10日。

014

建筑物区分所有权中业委会与业主大会的相关法律问题解读

FM99.6 厦门综合广播《新闻招手停》第 17 期

主持人:海蕾

主讲人:沈玉洪律师、毛静律师

热点问题发现

1. 业主对业主大会、业委会的权利规定。
2. 筹备首届业委会、召开业主大会及选举业委会委员的条件。
3. 业委会成立后的流程要求与任期规定、职责分工权限。
4. 业委会的决定侵害业主权利时,业主如何维权?

常见问题解答

问 业主有无权利设立业主大会或重新组建业委会呢?《民法典》有何规定?

答《民法典》第 277 条规定,业主有权设立业主大会,选举业主委员会。业委会作为业主自治组织,是业主大会的执行机构,业委会成员由业主选择产生,业委会必须为小区全体业主负责。地方政府有关部门、居民委员会应当对设立业主大会和选举业主委员会给予指导和协助。

引入指导协助部门旨在更好地指导和解决所辖小区业委会选举、换届、集体辞职等问题引发的纠纷。

问 业主筹备、召开业主大会,成立业委会的条件如何?

答 根据《福建省物业管理条例》和《厦门市住宅小区业主大会和业主委员会工作指导规则》(以下简称《厦门市指导规则》)的相关规定,小区出售并交付使用的建筑面积达到 50% 以上,或者首套物业出售并交付满 2 年的,建设单位就应当在 3 个月内向街道提出书面申请对首次业主大会的筹备和召开。如果建设单位不提出申请的,社区应向街(镇)提出;除此之外,10 个以上业主也可向街(镇)自主提出申请。同时,在提出书面申请之日起 30 日内,还应成立业主大会首次会议筹备组,筹备组应当在组成之日起 60 日内完成筹备工作,组织召开首次业主大会会议。

问 业委会委员人数、分工、任职要求如何?

答 关于业委会委员人数设立问题,2019 年 1 月 1 日修订施行的《福建省物业管理条例》第 20 条规定,业委会由委员 5 人以上的单数组成。2019 年 12 月 12 日发布的《厦门市指导规则》第 33 条规定,业委会由 5 人至 13 人单数组成,但业主大会决定突破这个人数限制的,也可根据业主大会的决定来执行。

在业委会委员分工及任职要求方面,《厦门市指导规则》第 35 条规定,设主任一人、副主任一人、监察委员一人,财经人员一人(均不能兼任的),其他委员若干人,业委会可以增设秘书等人员。另对核心四成员中的监察委员,文件还规定了必须是党员,而财经委员要求必须具有财经专业及工作经历背景。

问 业主选聘为业委会委员的任职要求和限制有哪些?

答《厦门市指导规则》第 33 条规定,业委会委员,首先需是本住宅小区实际居住的业主;再者不能与小区物业公司有利害关系或关联业务,此外还要具有完全民事行为能力,没有任何违法纪录,不是失信人员;没有出现过如违法搭建等侵害其他业主或公共利益的行为,还要符合没有连续 3 个月以上或累计 6 个月拖欠物业费、专项公维金等费用的条件、有一定的时间、工作能力,能模范履行业主义务,热心公益事业、责任心强、公正廉洁等才能作为合格的候选业委会成员。

问 业委会成立后的流程要求与任期规定如何？

答 业委会成立后，首要任务是召开第一次业委会委员会议，会后将选举设立的全部资料报备主管部门。《厦门市指导规则》明确规定，在业委会成立之日起30日内，要及时召开第一次业委会委员会议，并向当地街道提交业主大会召开的会议记录、决议情况、《业主大会议事规则》、《小区管理公约》、《业委会章程》、第一次业委会委员会议召开材料等，做好报备工作。报备后，业委会凭持备案证明和印章刻制证明向当地公安机关申请刻制业主大会印章和业主委员会印章，最后再到银行开设业委会对公账户。

在任期方面，业委会实行任期制，《福建省物业管理条例》与《厦门市指导规则》均规定每届业委会任期为3年到5年，可连选连任，业委会委员具有同等表决权，没有最高任期限制。

问 业委会的法定职责有哪些？

答 《民法典》第286条中规定了业委会职责，对任意弃置垃圾、排放污染物或噪声、违反规定饲养动物、违章搭盖、侵占通道、拒付物业费等损害他人合法权益的行为，有权要求行为人停止侵害、排除妨碍、消除危险、恢复原状、赔偿损失等；《厦门市指导规则》第38条将业委会履行职责更加进一步细化，主要包括：(1)执行业主大会的决定和决议；(2)报告物业管理实施情况；(3)选聘、续聘的物业服务企业、签订物业服务合同；(4)拟定物业管理用房、物业共用部分、公共设施设备的使用和经营方案;(5)审议业主和物业服务企业提出的维修、更新、改造物业共用部位、共用设施设备的申请;(6)及时了解业主的意见和建议,监督和协助物业履职,并定期审核由业主分摊的公共费用。

问 小区业主大会或业主委员会作出的决定,比如涨物业费和公维金,对业主是否有法律约束力?如业主对业主大会、业委会的决定、决议不服,业主如何维权?

答 如业主大会或业主委员会作出的决议符合表决程序,不存在侵害到业主个人与公共利益的,则合法有效,对本小区所有业主均具有约束力的。如决议侵害了业主合法权益的,受侵害的业主可以根据《民法典》第280条的规定,提起撤销权之诉,请求人民法院撤销。一旦依法撤销,对业主就没有法律约束力。

问 业委会利用职权侵占公共收益的法律后果如何?

答《厦门市指导规则》第59条规定,对物业及业委会的相关人员侵占、挪用经营收益构成犯罪的,依法追究刑事责任。2019年,厦门市中级人民法院审理判决了一起厦门某小区业委会主任侵占公共收益的案件,陈某某在担任小区业委会主任期间,利用职务便利,先后从业委会公维金账户转账70余万元至其本人控制的某公司账户,部分挪用、部分据为己有。后法院作出判决,陈某某犯挪用资金罪与职务侵占罪,数罪并罚,执行有期徒刑1年6个月,并责令退赔该小区业委会公维金。

问 **如果小区中出现业委会不履职、业委会不按期召开业主大会的情况时，业主该如何维权？**

答 在业委会不履职、不定期召开业主大会时，小区业主可以自行发动小区业主总人数的20%以上的业主进行提议，要求业委会召开临时业主大会，对重大事项进行决议。提议召开临时大会只有业主人数要求，没有面积要求。此外，当符合该小区《管理公约》《业主大会议事规则》召开临时业主大会的情形时，也可及时召开临时会议。

问 **《民法典》对业主大会共同决定的重大事项有哪些？参与表决条件与通过标准如何规定？**

答 《民法典》第278条规定了9项由业主共同决定事项，参与表决条件要达到专有部分面积占比2/3以上且业主人数占2/3以上来参与表决。对重大事项分为特别重大事项与一般重大事项。《民法典》第278条第1款第6～8项筹集建筑物及其附属设施的维修资金、改建、重建建筑物及其附属设施、改变共有部分的用途或者利用共有部分从事经营活动的特别重大事项，在表决通过时，还应当经参与表决专有部分面积3/4以上的业主且参与表决人数3/4以上的业主同意。对第1～5项、第9项一般重大事项表决时，则按参与表决专有部分面积1/2以上的业主且参与表决人数1/2以上的业主同意。

问 业委会委员集体辞职是否需业主同意？什么情况下可进行移交？

答 对业委会作出集体辞职的决定是不需要业主或业主大会同意的。根据《厦门市指导规则》的相关规定，小区业委会提出集体辞职的，首先应在街道社区指导、协助下，先对小区公共资产进行资产清查做一个审计，审计完后对审计结果进行公示，然后在小区全体业主、街道、社区均对公示清查结果均无疑问的情况下，业委会才能正式向所在辖区的社区居委会办理正式移交手续，在资产清查或进行第三方审计期间，现任业委会仍具有管理监督物业公司等义务。未辞先走给全体业主的利益造成严重影响的，还需要承担相应的赔偿责任。

问 业委会是否有权自行决定将公共收益的一部分作为办公经费与成员补助进行发放与支配？

答 业委会无权自行决定将共有部分产生的收入作为办公经费与补助进行发放。目前相关法律并未规定业委会委员享有薪酬和补助的权利。若通过召开业主大会经表决在《管理公约》与《议事规则》或章程中已约定将小区公共收益中的一部分列作办公经费与委员补助或薪酬，便有了执行依据，对未约定的，业委会自行将公共收益的一部分作为办公经费与成员补贴进行发放与支配，就涉及侵占小区公共经营收益，业主有权请求业委会退还此部分款项。

典型案例分析

案件名称：业主王某撤销权纠纷一审民事判决书

案号：(2021)宁0221民初1074号

审理法院：平罗县人民法院

案例来源：中国裁判文书网

基本案情 原告王某系新世纪家园业主，被告为新世纪家园业主委员会，王某认为新世纪家园业主委员会将物业服务标准价格从原每月0.32元/m^2调整到每月0.5元/m^2，未经业主大会的决定，违反法定程序，侵害其业主合法权益，故提起诉讼，请求撤销2019年12月27日作出的调整物业费的公告。

法院观点及裁判结果 法院认为被告业主委员会经征求意见后，于2019年12月27日公告物业费涨价至0.5元/m^2。王某于当天知晓该业主委员会作出了关于物业费调整的决议，但在2021年3月2日才提起本案诉讼，其已超过1年的除斥期间，故判决驳回了王某的诉讼请求。

律师分析 本案涉及业主撤销权纠纷，争议焦点：业主提起撤销权纠纷是否已过除斥期间？业主委员会通过入户征求调整物业费的行为是否等同于召开业主大会对重要事项进行表决的行为？

根据最高人民法院《关于审理建筑物区分所有权纠纷案件具体应用法律若干问题的解释》第12条"业主以业主大会或者业主委员会作出的决定侵害其合法权益或者违反了法律规定的程序为由,依据民法典第二百八十条第二款的规定请求人民法院撤销该决定的,应当在知道或者应当知道业主大会或者业主委员会作出决定之日起一年内行使"的规定,王某提起诉讼时显然已超过1年的除斥期间,这是本案被驳回的主要原因;另外,业主委员会可通过灵活多样的方式召开业主大会,不限于以现场或网络会议,亦可以通过书面形式如本案采用入户征求意见来召开业主大会,对表决事项进行表决。因此,王某称没有经过业主大会的决定违反法定程序要求撤销涨价公告无事实和法律依据,其判决驳回王某诉讼请求符合法律规定。

015

房屋租赁纠纷常见问题

FM99.6 厦门综合广播《新闻招手停》第 18 期

主持人:海蕾

主讲人:陈琦律师、黄芳律师

热点问题发现

1. 转租常见纠纷处理。
2. 合同解除后承租人装修损失如何处理?
3. 承租人拖欠租金“人去楼未空”如何处理?
4. 承租人拖欠租金是否必然导致合同解除?
5.《民法典》新规承租人优先承租权解读。

常见问题解答

问 房屋转租纠纷常见类型?

答 转租分成三种,第一种是出租人同意转租。第二种是出租人不同意,但法律规定可以视为同意转租情形。第三种是出租人不同意转租,出租人同意转租的情形,例如,甲把店面出租给乙,也同意乙转租,乙把店面转租给丙开餐厅。丙正常向乙缴纳租金,但乙拖欠甲租金,甲要求解除甲、乙之间的租赁合同。一旦甲、乙合同解除,那么乙和丙的合同也就事实上会因为无法履行而不得不被解除,如果甲又不同意和丙签署租赁合同,可能就会对丙造成重大损失。就这种情形,根据《民法典》第719条的规定,法律赋予丙直接代替乙向甲支付租金和违约金的权利。这种情形下,甲没有权利直接解除和乙方之间的合同。

问 什么是法律规定视为同意转租的情形?

答 法律规定出租人知道或者应当知道承租人转租,但在6个月内没有提出异议,视为出租人同意这种转租行为。例如,甲商场将店面租给乙经营餐厅,乙租赁后转租给丙开美容店,甲1年后要求解除和乙的租赁合同,并主张其不同意乙转租给丙。法院认为,餐厅和美容店性质完全不同,且甲商场日常需要行使管理义务不可能对此不知情,甲在6个月内没有提出异议,应当视为同意转租,因此判令继续履行合同。

问 如果出租人不同意转租，但承租人又擅自转租，会有什么法律风险？

答 根据《民法典》第716条的规定，出租人可以解除和承租人的租赁合同。一旦合同被解除，次承租人负有腾房义务。当然，根据《民法典》的规定，如果转租合同不违反法律强制性规定，通常有效，次承租人虽然因为出租人解除合同没办法继续使用租赁物，但是次承租人有权依据转租合同向转租人主张违约责任。

问 因装修问题产生纠纷情况比较多，如果涉及装修费用损失如何处理？

答 如果出租人同意承租人装修，在合同履行过程中租赁合同被解除，如果是如空调、桌子等可以搬走的东西，一般由租户拆除搬走。对已经形成附和物装修即不能拆走或拆走后对房屋造成损坏的装修，如集成吊顶、橱柜、门窗等，要进一步区分以下三种情形。第一种情形，如果因为出租人违约导致合同解除，承租人需要赔偿剩余租赁期内装饰装修残值损失。第二种情形，如果承租人违约导致合同解除，则出租人不需要赔偿这部分损失，但如果出租人同意利用，要在利用价值范围内给承租人部分装修补偿。第三种情形，出租人和承租人双方违约，则装修损失根据双方过错承担相应责任。

问 出租人同意装修是否一定要有明确书面同意的证据？

答 不一定，司法实践中，法官会结合证据综合判定出租人是否同意装修，详见下文典型案例。

问 什么是剩余租赁期内装饰装修残值损失？如何认定？

答 剩余租赁期内装饰装修残值损失是指在房屋租赁合同履行期限届满前解除合同，附合的装饰装修物在剩余的租赁期限内还存在的价值。确定这个价值要根据房屋租赁合同约定的租赁期限，将装饰装修费用平均分摊，然后再将这个平均数乘以剩余租赁时间。司法实践中，因出租人和承租人往往对装饰装修投资数额无法达成一致意见，人民法院一般会委托专门鉴定机构进行鉴定。我们建议租户装修时，尽量保留装修材料购买合同、收据、支付凭证、照片等，因为一旦进入诉讼程序，法院委托司法鉴定，鉴定机构仍需根据承租人提供的原始凭证等资料进行鉴定。

问 出租人如遇到承租人拖欠租金且留有物品要怎么处理？

答 承租人租赁店铺或办公房产后，因各种原因欠下高额租金且一走了之，下落不明，但是“人去楼又未空”，还在租赁房屋放有东西。针对这种情况，我们建议出租人应当尽快向法院起诉要求解除合同，避免损失进一步扩大。经法院判决进入执行程序后，由法院依法强制执行腾空房屋。实务中，针对租户下落不明而要腾退物品较多情形，法院执行人员会在社区人员见证下强行开锁，或者引入第三方公证机构，由公证处人员通过录像、拍照方式进行全程公证，对内物品进行清点、登记、打包封箱、造册。例如，厦门某古玩城的案件，该案件租赁期 2016 年届满，租赁期限届满前，出租人已经向各承租人发出《收房通知书》，但承租人并未在租赁期限届满后返还上述租赁房屋。虽经劝导，古玩城内大部分商户陆续主动搬空，但仍有部分商户将物品存放于店面内并紧锁店门，给执行工作造成阻力。执行局在社区人员见证下强制开锁，对物品清点造册，并由申请执行人保管，解决了执行问题。

问 租赁合同事先约定“承租人没有搬离的物品视为抛弃物”是否有效？出租人是否可以把物品直接丢弃？

答 这种条款约定一般有效。但实务中，也有承租人主张房屋内有贵重物品被出租人抛弃，起诉出租人要求赔偿损失的情形出现，且有法院根据双方举证情况认定出租人应当赔偿承租人的部分损失。如果租赁房屋内东西较多，或者东西比较贵重，即使合同约定可以视为可抛弃物，建议还是尽快走诉讼程序由法院强制执行比较合适。当然，如果承租人此举虽然给出租人制造了麻烦，但是该拖欠租金并非不用偿还，且承租人还可能被法院采取限制高消费、列入失信黑名单等措施。如经法院强制执行仍恶意拒绝腾退房屋，法院还可以对承租人进行罚款，甚至司法拘留，因此，无论是承租人还是出租人都应当遵守契约精神，尊重法律。

问 承租人拖欠租金是否必然导致合同解除？

答 如合同有明确约定，而且承租人确实出现违约情形，通常出租人可以解除合同。当然,出租人要先催告,如果催告后承租人在合理期限内仍没有支付租金,出租人有权解除合同。一般而言,合同双方当事人地位平等,经协商合意后约定的合同解除条款当然应得到恪守及履行。但实践中存在一些特殊情况,例如,出租方与承租方在合同中约定的解除条件较为苛刻,很容易触发合同解除条件。在此情况下,法院遵循诚实信用原则,结合案件具体情况,对当事人约定的合同解除条件进行合理解释,并适当限制合同解除权行使。

问 什么是承租人优先承租权?

答《民法典》第 734 条第 2 款规定,“租赁期限届满,房屋承租人享有以同等条件优先承租的权利”。在《民法典》出台以前,优先承租权必须由租赁合同约定。《民法典》增加这个规定,意味着在《民法典》施行之后签署的租赁合同,如果没有对优先承租进行特别约定,那么承租人可直接按照法律规定享有优先承租权,《民法典》该规定从法律层面保障了承租人的利益。

问 承租人优先承租权要如何行使?

答 承租人要求行使优先承租权,应当满足几个条件,第一,出租人要继续对外出租房屋。如果出租人要将房屋收回自用、房屋即将修缮、被征收、征用或被拆迁等正当理由,那一般不能行使优先承租权。第二,同等条件。所谓同等条件,是指相同的租期、租金、付款方式,比如,合同到期后,房东以3万元/月出租,押1付3,如果承租人主张行使优先承租权,但要求押1付1,那么这种就不属于同等条件。第三,承租人要在合理期限内行使优先承租权。

典型案例分析

案件名称:A公司与B公司房屋租赁合同纠纷案

案号:(2015)厦民终字第3442号

审理法院:福建省厦门市中级人民法院

案例来源:中国裁判文书网

基本案情 A公司与B公司签订租赁合同,约定A公司向B公司承租位于家居广场内展厅,合同对装修事宜作了专门约定,约定A公司应将详细的装修方案报送B公司审定,在其书面同意后方可开始装修。合同附件中载明了租赁展厅的相关位置及平面图。该合同签订后,双方签订了《补充协议》,约定变更租赁期限及装修期等内容。后,B公司于2012年11月将讼争展厅交付A公司使用,A公司对讼争展厅进行了装修。庭审中,A公司主张其装修已经过B公司同意,A公司在装修前已向B公司提交详细的装修方案,经B公司同意后,A公司聘请C公司对讼争展厅进行了装修;提交C公司出具的装修设计效果图、决算表为证。B

公司主张，对A公司装修事实予以确认，但A公司装修未经B公司同意也未报送装修方案，B公司是在合同期满后才知晓装修的事实，B公司不同意利用现有装修。对A公司提交的装修设计效果图、决算表真实性均不予确认。审理中，C公司出庭作证，陈述讼争展厅的装修均由其完成，2012年12月左右进入该家居广场装修，B公司曾要求对展馆的门进行调整，因此停工数月，装修过程中，B公司工程部的员工经常查看装修情况。法院委托司法鉴定中心对已形成附合部分的装饰装修的现值进行评估，鉴定结果为××元。

法院观点 首先，协议已就讼争展厅的装修事宜进行专章约定，后双方又在补充协议中再次就装修期进行约定，故B公司应当知道A公司需对讼争展厅进行装修；其次，B公司的经营地址与讼争展厅同在加州建材家居广场内，B公司主张在合同期限届满后，才得知A公司装修的事实，显然有悖常理；最后，A公司所提交的装修设计效果图、决算表与段某的证言能够互相印证，段某亦陈述B公司工程部员工经常至讼争展厅处查看装修情况。综上，认定B公司对A公司装修讼争展厅之事实应当知晓，现B公司并未举证证明其已经明示反对装修，故应视为B公司已同意A公司对讼争展厅进行装修。

裁判结果 B公司于判决生效之日起10日内赔偿A公司装修现值损失××元。

律师分析 《民法典》第718条规定，“出租人知道或者应当知道承租人转租，但是在六个月内未提出异议的，视为出租人同意转租”。该条裁判规则，旨在平衡出租人、承租人和次承租人利益，维护交易安全和交易秩序。本条规定的6个月的异议期属于除斥期间，不能适用《民法典》总则编第9章中关于诉讼时效中止、中断以及延长等规定。此外，如果当事人之间就此事项存在特约，还应坚持尊重当事人特约优先原则。比如，出租人与承租人明确约定排除出租人沉默行为被推定为同意转租的意思表示，而约定出租人同意必须通过书面形式表达时，不宜轻易否定该约定对当事人的拘束力。

016

聊聊拆迁那些事儿

FM99.6 厦门综合广播《新闻招手停》第 19 期

主持人：海蕾

主讲人：苏礼墩律师*、黄世民律师**

热点问题发现

1. 拆迁主要适用的法律是什么？被征收者的补偿有哪些？
2. 征地拆迁的征收流程是怎样的？被征收者应如何维权？
3. 征地拆迁中，承租房屋的经营者有哪些权益？
4. 征地拆迁中，无证房屋有无补偿？

常见问题解答

问 征地拆迁主要适用的法律是什么？被征收者的补偿有哪些？

答 征地拆迁领域中主要分为两个方面：一是城市房屋拆迁，二是农村房屋拆迁，因此适用的法律规定也不相同。城市房屋拆迁主要是按照《国有土地上房屋征收与补偿条例》的规定进行补偿，对拆迁户（被征收者）的补偿包括房屋价值补偿、装饰装修费、安置补助费、停产停业损失补偿等。补偿标准参照被征收房屋周边类似房地产的市场价进行补偿，具体金额由具有评估资质的评估机构依据《国有土地上房屋征收评估办法》及现场勘查测量确定。而农村房屋拆迁则是参照《土地管理法》与《土地管理法实施条例》的规定，对其中的农村村民住宅，尊重农村村民意愿，采取重新安排宅基地建房、提供安置房或者货币补偿等方式给予公平、合理的补偿。如村民选择产权调换补偿方式，则可在当地补偿相同面积的房子。选择货币补偿方式的，则房屋价格按照重置价进行补偿，同样由评估机构现场勘查测量决定。

问 征地拆迁的征收流程是怎样的？过程中被征收者应如何维权？

答 关于流程方面，在征收前期工作完成后会由市、县级人民政府作出征收决定，并发布相应的征收公告，公告的内容包括征收的区域、时间、部门、补偿等内容。但在实践过程中，存在被征收人不清楚有征收决定公告等文件的情况，此时如果是因政府部门未发布征收决定公告的，则属于程序违法，被征收人可通过申请信息公开等方式取得。此外，如被征收人对政府征收决定不服的，可依法申请行政复议或提起行政诉讼。在政府发布公告之后，行政机关将选定评估机构并进行现场评估，评估是确定被征收者最终能拿多少补偿的一个重要环节，且评估机构应由被征收人在房屋征收部门确定的时间内进行协商确定。如存在评估机构并非由被征收人协商选定的，而是政府征收部门单方确定的，甚至评估机构未至被征收房屋现场评估仅凭借纸质文件作出评估报告的，均属于程序违法行为。评估后，房屋征收部门与被征收人根据《国有土地上房屋征收与补偿条例》的规定，就补偿方式、补偿金额、支付期限、停产停业损失、搬迁期限等事项订立补偿协议。此时如果被征收人认为补偿协议中的标准过低，不符合规定，可以拒签协议。房屋征收部门与被征收人在征收补偿方案确定的签约期限内达不成补偿协议的，或被征收房屋所有权人不明确的，则由房屋征收部门报请作出征收决定的市、县级人民政府依照本条例的规定，按征收补偿方案作出补偿决定，并在房屋征收范围内予以公告。被征收人对补偿决定不服的，可以依法申请行政复议，亦可依法提起行政诉讼合理维权。

问 征地拆迁中，承租房屋的经营者有哪些合法权益？

答 根据《福建省实施〈国有土地上房屋征收与补偿条例〉办法》及《厦门市国有土地上房屋征收与补偿实施意见》的有关规定，政府在征收房屋时应给予被征收人公平合理的补偿，补偿款项包括主体建筑物价值补偿、装修补偿、搬迁费、临时安置费、停产停业损失费等。因此，作为被征收房屋的合法承租人及经营者，根据相关规定理应得到的补偿有以下几个方面：(1)对房屋主体扩改建增加面积部分的补偿；(2)装修和附属物补偿；(3)停产停业损失补偿；(4)搬迁费用补偿；(5)员工安置费补偿等。

问 经营者承租房屋时，应如何规避未知的拆迁风险以及如何维权？

答 第一，承租人应与出租人签订书面的《房屋租赁合同》，并核实租赁房屋是否拥有合法产权或批建手续，因为根据无合法批建手续房屋所签订的租赁合同无效，将对后期拆迁补偿产生重大不利影响；第二，租赁合同中应对租赁期间房屋遭遇征迁时的相关补偿分配作明确约定；第三，承租人应留存对租赁房屋进行改造、装修等投入成本的相关证据，做好存档工作；第四，遇征迁时，承租人应积极通过征收公告或向拆迁部门咨询等方式了解相关补偿方案；第五，在与出租人协商无果时，应尽快联系专业律师或具有相关知识的人采取维权措施，以免贻误“战机”。

问 征地拆迁时，无证房屋有无补偿？

答 根据《国有土地上房屋征收与补偿条例》第24条的规定，市、县级人民政府作出房屋征收决定前，应当组织有关部门依法对征收范围内未经登记的建筑进行调查、认定和处理。对认定为合法建筑和未超过批准期限的临时建筑的，应当给予补偿；对认定为违法建筑和超过批准期限的临时建筑的，不予补偿。因此，由该法律规定可知，无证房屋是否能够获得补偿必须经过相关部门的认定：认定为合法建筑的，应当给予补偿；认定为违法建筑的，不给予补偿。

问 违法建筑具体是指哪些？

答 违法建筑是指违反法律、法规在城市规划区内，未取得建设工程规划许可证或者违反工程规划许可证的规定建设的建筑，或者是采取欺骗手段骗取批准而新建、扩建或改建的建筑。违法建筑一般包括以下几种情形：(1)没有申请或者申请未获得批准，没有取得建设用地规划许可证和建设工程规划许可证而建成的建筑；(2)虽取得建设工程规划许可证，但未按照批准的范围、使用性质建成的建筑；(3)擅自将临时建筑建设为永久性的建筑。

问 征地拆迁中，违法建筑一般如何认定？

答 征迁过程中，如征迁部门仅依据《城乡规划法》等规定直接认定无房产证的房屋是违法建筑，这样的做法明显是错误的。违法建筑的认定主体、认定程序均须符合法律规定。例如，浙江省高级人民法院认为未经产权登记的房屋并非均属违法建筑，亦非所有违法建筑都须拆除。征收范围内的房屋情况复杂，尤其是城中村或旧城区，存在大量因历史原因未依法办理产权登记或依法未办理审批许可手续的建筑，对征收范围内的此类建筑，政府应当组织有关部门依法进行调查、认定和处理。如调查后发现房屋建造的时候是合法的，但没有合法产权证明是不可归咎于其自身的历史遗留问题造成的，且如果被拆迁人在上述房屋内已长期生活居住，则此类房屋亦为“合法”建筑，也应当在拆迁中得到合法补偿安置。

问 无证房屋被认定为合法建筑时，具体的补偿有哪些？

答 对于无证房屋的拆迁补偿每个地方的标准是不一样的，政府部门会根据当地的拆迁管理办法进行估算、赔偿。具体可查询当地拆迁公告的规定，亦可向当地土地部门咨询。正常情况下，无证房屋拆迁补偿包括房屋补偿费，用于补偿被拆迁房屋所有权人的损失，以被拆迁房屋的结构和折旧程度划档，按平方米单价计算；周转补偿费，用于补偿被拆迁房屋住户临时居住房或自找临时住处的不便，以临时居住条件划档，按被拆迁房屋住户的人口每月予以补贴。补偿方式则可以实行货币补偿，亦可实行房屋产权调换，或实行货币补偿与房屋产权调换相结合等形式。具体补偿金额需要考虑被征收房屋的区位、用途、建筑结构、新旧程度、建筑面积等因素，并最终以房地产市场评估价格来确定。

典型案例分析

案件名称：吉林省某某物资经销处诉吉林省某县人民政府征收补偿案

案号：(2016)吉02行初12号

审理法院：吉林市中级人民法院

案例来源：最高人民法院发布征收拆迁典型案例(二)

基本案情 2015年4月8日，吉林省某县人民政府(以下简称某县政府)作出房屋征收决定，决定对相关的棚户区实施改造。某某物资经销处(以下简称经销处)所在地段处于征收范围。2015年4月27日至29日，该县房屋征收经办中心作出选定评估机构的实施方案，并于4月30日召开选定大会，确定改造项目的评估机构。2015年9月15日，某县政府依据评估结果作出永政房征补(2015)3号房屋征收补偿决定。经销处认为，该征收补偿决定存在认定事实不清、程序违法，评估机构的选定程序和适用依据不合法，评估价格明显低于市场价格等诸多问题，故以某县政府为被告诉至法院，请求判决撤销上述房屋征收补偿决定。

法院观点 吉林市中级人民法院一审认为，被诉房屋征收补偿决定依据的评估报告从形式要件看，分别存在没有评估师签字，未附带设备、资产明细或者说明，未标注或者释明被征收人申请复核评估的权利等不符合法定要求的形式问题；从实体内容看，在对被征收的附属物评估和资产、设备评估上均存在评估漏项的问题。上述评估报告明显缺乏客观性、公正性，不能作为被诉房屋征收补偿决定的合法依据。

裁判结果 吉林市中级人民法院一审判决撤销被诉房屋征收补偿决定，责令某县政府60日内重新作出行政行为。某县政府不服提起上诉，吉林省高级人民法院二审以与一审相同的理由判决驳回上诉，维持原判。

律师分析 在征收拆迁案件中，评估报告作为确定征收补偿价值的核心证据，人民法院能否依法对其进行有效审查，已经在很大程度上决定着案件能否得到实质解决，被拆迁人的合法权益能否得到充分保障。本案中，人民法院对评估报告的审查是严格的、到位的，因而效果也是好的。在认定涉案评估报告存在遗漏评估设备、没有评估师的签字盖章、未附带资产设备的明细说明、未告知申请复核的评估权利等系列问题之后，对这些问题的性质作出评估，得出了两个结论。一是评估报告不具备合法的证据形式，不能如实地反映被征收人的财产情况。二是据此认定评估报告缺乏客观公正性、不具备合法效力。在上述理论基础上撤销了被诉房屋征收补偿决定并判令行政机关限期重作。本案对评估报告所进行的适度审查，可以作为此类案件的一种标杆。

---

*　苏礼墩律师，福建旭丰律师事务所高级合伙人、破产业务中心主任、知识产权律师团队负责人，福建省优秀律师，兼任最高人民检察院行政民事咨询专家、厦门市建设局法律专家库成员、厦门仲裁委员会仲裁员、福州仲裁委员会仲裁员、漳州仲裁委员会仲裁员，中国厦门（厨卫）知识产权快速维权专家、福建省律师协会建设施工法律专业委员会副主任、厦门市律师协会破产重组专业员会副主任、厦门市破产管理人协会理事、厦门市知识产权协会知识产权律师专业委员会副主任等职。

**　黄世民律师，福建旭丰律师事务所执业律师，现担任厦门市中级人民法院、厦门市思明区人民法院特邀调解员，厦门市知识产权协会律师专业委员会委员、福建旭丰律师事务所建设工程专业委员会委员。

017

怎样才是借钱的“正确姿势”？

FM99.6 厦门综合广播《新闻招手停》第20期

主持人：海蕾

主讲人：方凡佳律师、杨吴德律师

热点问题发现

1. 如何写一份完美的借条？
2. 民间借贷中的民刑交叉问题。
3. 亲密关系中的借款问题。
4. “以物抵债”是否有效？
5. “明股实债”如何处理？

常见问题解答

问 借条在形式上需要具备哪些要素，才能保障出借人权益？

答 在形式方面，很多人会重内容轻形式，但是在特定情况下，形式可能是决定性的因素。例如，如果是手写借条，一定要写标题，也就是在纸张的顶部直接写明是“借条”或者“借款合同”。这样做的目的是防止借条持有人别有用心地改换名目，或者把一张没有标题的借条附在一份合同后面，改变这个借款的性质。又如，出借人最好用自己的笔来书写借条，曾经发生过借款人恶意使用褪色笔签名的案例，这样随着时间推移，字迹容易消失，出借人往往因此而陷入被动境地。此外，务必留下借款人的真实姓名和身份号码。因为一旦发生纠纷诉诸司法裁判，在立案环节便需要被告明确的身份信息，因此律师建议借条最好是写在借款人身份证正反面复印件的上方，并且要让借款人签名同时捺指印。

问 借条在内容上需要具备哪些要素？

答 首先，建议在借条的开头就表明这个借款的目的，以免发生争议后，可以避免借款人以出借人明知借款用于非法目的仍出借款项作为逃避责任的借口。其次，本金和利息需要写明，建议既写汉字也写阿拉伯数字，这样可以避免被篡改。如果借条对利息没有约定，那么法律规定视为没有利息，之后就不能再主张利息。出借方式上最好写明是“现金”还是“银行转账”。金额较大的借款，律师建议采用银行转账的方式支付，因为日后如果发生诉讼，可以直接打印转账记录作为证据使用。如果是现金交付，举证难度将比较大。此外，现实中很多借条是没有写借款期限的。法律规定，对借款期限没有约定或者约定不明的，借款人可以随时还款，出借人也可以催告借款人在合理期限内还款。怎样是“合理期限”，以及届时的催告是否能够通知到位，这些都是未知的。因此律师建议，借条还是写明借期比较好，借期最好也是用大写的汉字书写，以免将来因为何时还款而发生争议。

问 民间借贷的范围包括什么？

答 根据最高人民法院《关于审理民间借贷案件适用法律若干问题的规定》（2020 年第二次修正）第 1 条规定所称的民间借贷，是指自然人、法人和非法人组织之间进行资金融通的行为。经金融监管部门批准设立的从事贷款业务的金融机构及其分支机构，因发放贷款等相关金融业务引发的纠纷，不适用本规定。因此，地方金融监管部门监管的小额贷款公司、融资担保公司、区域性股权市场、典当行、融资租赁公司、商业保理公司、地方资产管理公司这七类地方金融组织，属于经金融监管部门批准设立的金融机构，这些机构从事相关金融业务引发的纠纷，不适用民间借贷的司法解释。

问 民间借贷关于借款利息有何规定？

答 近些年民间借贷的司法解释和相关规定经历了从“两线三区”到“一

线两区”的变化。在2020年8月以前，司法解释规定了两条线分别是年利率24%和年利率36%。年利率不超过24%的，为合法债务区，受法律保护；超过24%但不超过36%的部分叫自然债务区，意思是如果这部分的利息如果已经偿还，那么就无权再要回；超过36%的就是违法债务区，法律不保护这部分利息。2020年8月20日起，司法解释将这两条线变为一条线，条文的表述是“合同成立时一年期贷款市场报价利率四倍”，简称LPR，这是由中国人民银行授权全国银行间同业拆借中心每月发布的。目前，一年期LPR基本保持在3.85%的水平没有变过，所以我们现在合法的年利率保护上限是在3.85%×4也就是15.4%这样的水平。

问 借贷行为可能涉及的刑事风险？

答 2019年，最高人民法院、最高人民检察院、公安部、司法部联合印发了《关于办理非法放贷刑事案件若干问题的意见》，该意见提到了未经监管部门批准，或者超越经营范围，以营利为目的，经常性地向社会不特定对象发放贷款，扰乱金融市场秩序，情节严重的，以非法经营罪定罪处罚。

问 什么是“经常性地向社会不特定对象发放贷款”和“情节严重”呢？

答 “经常性”是指2年内向不特定多人（包括单位和个人）以借款或其他名义出借资金10次以上，而“情节严重”是指以超过36%的年利率为起点进行评价的。

问 将信用卡借给别人使用,属于借贷关系吗?

答 套取金融机构贷款后再转借出去的行为称为“转贷”。实务中案例,当事人双方是多年的好友。借款人用出借人的信用卡消费达10万元,但是没有按期还款,导致出借人被银行起诉。后来原本的两位好友对簿公堂,出借人要求归还10万元本金并且按照双方约定的利率36%支付利息。根据民间借贷司法解释的规定,套取金融机构贷款转贷的民间借贷合同无效。所以36%的利息无法得到支持。绝大部分转贷人都没有意识到转贷行为的违法性和危害性,转贷是不受法律保护的。所谓的“借款人”只需要归还10万元并且按一年期贷款市场报价利率计算资金占用费。

问 实务中出现“以物抵债”的情形,此类案件有什么评价标准吗?

答 2019年的《全国法院民商事审判工作会议纪要》有涉及以物抵债的相关内容,当事人在债务履行期限届满后达成以物抵债协议,如果抵债物尚未交付债权人,债权人请求债务人交付的,法院会着重审查以物抵债协议是否存在恶意损害第三人合法权益等情形,避免虚假诉讼的发生。如果经审查不存在这些情况的,法院可以支持这类协议的履行。当事人在债务履行期限届满前达成以物抵债协议,抵债物尚未交付债权人,债权人请求债务人交付的,法院应当进行释明,由债权人根据原本的债权债务关系提起诉讼。如果释明后当事人仍然拒绝变更诉讼请求的，法院应当驳回。

问 实务中，对于“名股实债”如何处理？

答 近年来，随着信托、私募等非标化债权投资领域的兴起，还出现了一个概念叫作“名股实债”。严格来说，这是一种投融资方式，不是法律上的概念。意思是出资人将资金以股权投资的方式投入到一个目标公司，并且与融资方约定，在一定期限或一定条件下收回本金及固定的收益回报。律师通过对现有案例研究得出一些要点：比如，若股权转让价格是公允的，并且已办理工商变更登记手续，则具备较大可能性被法院认定为股权而非认定为借款；又如，若双方约定由目标公司回购股权，从而转回本金和固定收益，则认定为借款的可能性就大；如果是由目标公司的其他股东承担回购义务，则较易认定为股权。

典型案例分析

案件名称：彤悦网络技术顾问（上海）有限公司与姚方明股权转让纠纷案

案号：（2021）沪74民终133号

审理法院：上海金融法院

案例来源：中国裁判文书网

基本案情 2018年3月29日,姚方明与彤悦网络技术顾问(上海)有限公司(以下简称彤悦公司)、余福康签署《股份转让协议》,约定彤悦公司将其持有的案外人蓝源传媒公司的1.6万股转让给姚方明,转让价款为40万元,余福康为担保人。姚方明支付价款后,即取得案涉1.6万股权的所有权。彤悦公司将案涉股份过户到姚方明名下之前,双方构成代持关系,即姚方明为案涉股份所有权人,彤悦公司代姚方明持有股份,彤悦公司不享有对代持股任何收益权和处分权。2018年3月29日,姚方明与彤悦公司、余福康签署《补充协议》,协议约定:彤悦公司、余福康承诺,姚方明通过《股份转让协议》取得的标的股份,可以要求彤悦公司、余福康在2019年3月30日无条件回购全部或部分标的股份,股份回购价格为35元/股,后被告未履行回购义务,原告诉至法院。

法院观点 双方虽约定了按照"全国股转系统"股票交易规则进行交割,在表象上具有股权转让的意思表示,但并未约定上述股权交割与变更登记的履行时间,而且在可以办理变更登记的前提下,实际上仍然合意选择了违规股权代持方式,加之在合同履行期间,双方也未办理相应的股权变更登记,故据此可以认定,双方实际上并不期望股权变动的法律效果发生,股权投资并非双方的真实意思。并且原告虽为股东,但不参与公司实际经营,亦可印证真实意图不在于实际受让标的公司股权,而在于履行要求回购股权以获取固定收益,该种关系符合借贷法律关系基本特征。

裁判结果 1. 撤销上海市浦东新区人民法院(2019)沪0115民初45882号民事判决;

2. 上诉人彤悦公司、上诉人YEEFOOKKHONG(余福康)应于本判决生效之日起10日内支付被上诉人姚方明借款本金人民币40万元以及利息人民币51,013.7元;

3. 上诉人彤悦公司、上诉人YEEFOOKKHONG(余福康)应于本判决生效之日起10日内支付被上诉人姚方明自2019年4月1日起至实际清偿之日止的利息(以借款本金人民币40万元为基数,自2019年4月1日起至2019年8月19日止,按照中国人民银行同期贷款基准利率计算;自2019年8月20日起至实际清偿日止,按照全国银行同业拆借中心公布的贷款市场报价利率计算);

4. 驳回被上诉人姚方明的其他诉讼请求。

律师分析 商事主体在设计交易模式时为了同时享有股权的高收益和债权的低风险而追求模糊股债界限,在纠纷发生时为了减少损失而抛弃对自身不利的股权或债权责任而追求界限分明。在具体判断企业融资时,究竟是股权融资还是债权融资,需要结合个案判断,准确把握“名股实债”的特点。名股实债通常表现为三个方面:一是投资方享有固定收益。投资方虽以股权形式进行投资,但并不依据经营业绩获得分红,而是获得固定的收益回报，该回报约定分期支付或要求在股权回购时一次性支付溢价作为固定收益回报。二是在协议中约定融资方的回购义务，保障投资方退出交易。融资方承诺远期回购股权，在此基础上亦有增加对回购的连带担保，或由较高信用等级主体对本金回购支付金额与预期收益的差额履行补足承诺、股权质押、不动产抵押等增信措施。三是投资方的经营管理权受限。投资方投入资金后，对内变更股东名册，对外变更工商登记，成为融资方的股东，拥有收益权、分红权、参与重大决策、投票权等股东权利。但双方通常约定投资方不参与公司日常经营管理及分红，由融资方经营管理团队负责公司日常运营。

018

融资租赁法律关系知多少？

FM99.6 厦门综合广播《新闻招手停》第 21 期

主持人：海蕾

主讲人：王鹭杰律师、苏腾云律师

热点问题发现

1. 房子要用买的，但是飞机为什么多用租的？
2. 融资租赁合同与分期付款买卖合同有何不同？
3. 汽车融资租赁的陷阱有哪些？

常见问题解答

问 融资租赁是什么？

答 融资租赁业务，是指出租人根据承租人对出卖人、租赁物的选择,向出卖人购买租赁物,提供给承租人使用,承租人支付租金的交易活动。

问 融资租赁合同的特征是什么?

答 与传统的租赁合同相比,融资租赁合同具有几个特点:(1)出租人根据承租人对供货商、租赁物的选择购买租赁物;(2)承租人以支付租金的方式,取得对租赁物的占有和使用;(3)租赁物具有非典型担保功能,租赁期间出租人对租赁物享有所有权,是出租人收取租金的物权保障;(4)合同期满后租赁物可归承租人所有。承租人和出租人可以对租赁物的归属作出约定,比如,租赁期限届满,由出租人收回租赁物或者承租人支付象征性价款留购。

问 为什么房子要用买的,但是飞机多用租的?

答 融资租赁的标的物通常是大型机械设备,航空公司全款购置一架波音 737 系列飞机可能需要耗费数亿元人民币,如果航空公司运营的所有飞机都全款自购,则初期就需要支付大笔流动资金用于购置飞机,这对每家航空公司而言都是巨大的资金压力。但如果航空公司选择租用飞机,则可以大幅降低其获取飞机使用权所需支付的期初款项,从而释放资金流动性,为公司业务的开展和扩张提供资金支持。据不完全统计,飞机融资结构中约 1/3 为航空公司自购,1/3 为经营租赁(传统租赁),剩下约 1/3 为融资租赁。换言之,近七成的飞机的所有权并不在航空公司。

问 承租人可否以租赁物存在质量问题为由拒绝支付租金？

答 根据《民法典》第747条的规定，“租赁物不符合约定或者不符合使用目的的，出租人不承担责任。但是，承租人依赖出租人的技能确定租赁物或者出租人干预选择租赁物的除外”。若融资租赁合同约定，由承租人自主选择租赁物件及租赁物件的制造和供应商，承租人对租赁物件的名称、规格、型号等享有全部的决定权，并直接与供应商商定。承租人对上述自主选择和决定负全部责任，而出租人对上述自主选择和决定的事项无须承担责任。租赁物不符合合同约定或不符合使用目的的，出租人不承担责任，不影响承租人履行支付租金的义务，但是，如果存在承租人依赖出租人的技能确定租赁物或者出租人干预选择租赁物等法定情形，则出租人应当承担租赁物不符合约定及使用目的所导致的责任。存在前述情形的，承租人应当提供证据予以证明。若承租人无法举证证明出租人存在上述法定情形的，则在其已经受领租赁物的情况下，涉及租赁物的质量问题应由承租人与出卖人另行解决，不影响承租人向出租人履行租金支付义务。

问 融资租赁合同与分期付款买卖合同的差异？

答 首先，二者交易目的不同，“保留所有权的分期付款买卖合同”属于买卖合同的一种特殊形式，出卖人让渡所有权，买受人支付价款，本质上是所有权的交易。而融资租赁合同中,出租人对租赁物享有的所有权是"名义上"的所有权,出租人从始至终可能都无须直接占有、使用、支配租赁物,租赁物对出租人而言主要承担的是担保租金债权实现的功能。

其次,融资租赁的对象一般是生产周期长、成本费用高的生产资料产品,如机械设备、大型交通工具等。分期付款的对象一般是大额消费品如数码或电子产品、汽车等。

最后,涉及交易方不同。分期付款一般只涉及买方和卖方,法律关系较为简单。融资租赁涉及出租方、承租方和供货商(出卖人)三方。

问 一成首付购新车、以租代购属于融资租赁吗?

答 汽车融资租赁比较常见的是"直租"和"回租"两种模式,"直租"即传统融资租赁模式:出租人根据承租人的选择,向承租人指定的汽车经销商购买指定型号的车辆提供给承租人实际使用,承租人向出租人支付租金。回租模式主要存在于二手车交易中,承租人将其自有车辆出售给出租人,再通过融资租赁合同租赁所售卖的车辆,并按照融资租赁合同约定,向出租人支付租金。因此,出租人与承租人之间先成立买卖合同关系,而后又成立融资租赁合同关系。消费者较多被此模式0首付、低利率、低门槛的优点所吸引,期待以低成本享受融资租赁公司提供的购买、缴税、投保、上牌等一条龙服务,但如果未深入了解合同条款、交易模式及其背后的底层逻辑,就有可能会陷入各种消费陷阱之中。

问 汽车融资租赁应该注意哪些方面？

答 作为承租人应注意核实汽车融资租赁公司经营资质，对融资租赁公司所宣传的“以租代购”“汽车信贷”“车抵贷”“车辆贷款”等保持警觉，充分了解有关法律法规，对合同条款审慎把握，必要时咨询专业律师，不受不实宣传的诱惑，坚持理性签约、诚信履约，切实提高自我保护意识，依法维护自身权益。与此同时，律师建议融资租赁公司在交易过程中应遵守法律规定，充分尊重并保障承租人的知情权、隐私权、人身安全和信息安全等权利，在出现租金逾期支付时采用合法的手段进行催收，从而实现与消费者的“互利双赢”。

问 企业、个人参与融资租赁交易需注意哪些问题？

答 1. 作为积极寻求融资租赁方式开展经营活动的企业和个人，应当增强融资租赁交易的法律与合同意识，认真研读融资租赁合同文本。对于同一租赁物，拒签“阴阳合同”，应以特定出租人为合同相对方所提供的融资租赁合同为准。承租人应认真核对交付租赁物的型号与融资租赁合同约定是否相符，加强交付租赁物的质量检验。

2. 作为出租人一方，关注重点在于首付款、保证金的性质及用途、租赁物质量问题与支付租金的关系、索赔权利的行使、违约责任的承担等影响当事人重要权利义务的条款。同时，出租人作为格式合同提供方，应当就合同条款结合承租人要求进行解释和说明。除关注合同条款外，出租人还应当规范开展售后回租业务，规范租金支付方式，为承租人提供安全和便利并重的租金支付途径。

3. 若作为回购人、保证人签订合同时，应充分评估销售利润、可得利益与回购责任、保证责任之间的利害关系。特别是在回购合同的签订过程中，重视涉及标的物取回可行性控制的条款约定，对回购标的物的灭失毁损风险责任承担作出明确约定，在融资租赁合同履行过程中，加强对承租人经营状况、履约情况、租赁物现状的信息掌握。

典型案例分析

案件名称：某融资租赁有限公司与
某传媒股份有限公司融资租赁合同纠纷案
案号：(2020)津0116民初27378号
审理法院：天津市滨海新区人民法院
案例来源：天津市高级人民法院
2021年度十大影响性案例

基本案情 2018年，原告某融资租赁有限公司与被告某传媒股份有限公司签订了《售后回租赁合同》和《所有权转让协议》，约定：根据被告要求，原告向被告购买某电视栏目全球著作权，并通过许可的方式回租给被告使用，被告向原告支付租金，并应于最后一期租金日向原告支付留购价款，租赁期间届满，合同义务全部履行完毕后，租赁物所有权转移给被告。苏某、刘某某、某影视传播有限公司等分别承诺为被告在融资租赁合同项下的给付义务承担连带保证责任。后被告仅支付部分租金，剩余租金未再支付。原告遂诉至法院，要求被告支付剩余全部租金、留购价款及违约金，并要求各保证人承担连带清偿责任。

法院观点 从租赁物的性质来看，《民法典》合同编并未对融资租赁标的物的性质加以限定，亦无法律法规对著作权作为租赁物的适格性予以明确否定。本案《售后回租赁合同》以真实存在的电视栏目著作权作为租赁物，符合融资租赁"融资""融物"的双重特性，不违反法律、行政法规的强制性规定。因此，原告与被告之间系合法有效的融资租赁合同关系，被告拖欠租金已构成违约，应承担违约责任，故判决被告向原告支付全部未付租金、留购价款及逾期违约金，各保证人对被告的付款义务承担连带清偿责任。

裁判结果 (1)被告某传媒股份有限公司向原告某融资租赁有限公司支付全部未付租金×元及留购价款×元；(2)被告某传媒股份有限公司向原告某融资租赁有限公司支付逾期违约金；(3)被告某传媒集团有限公司、某影视传播有限公司、苏某、刘某某对被告某传媒股份有限公司上述付款义务承担连带清偿责任。

律师分析 首先，从租赁物的性质来看，《民法典》合同编并未对租赁物的性质加以限定，亦无法律、行政法规对著作权作为租赁物的适格性进行否定。《融资租赁公司监督管理暂行办法》第7条第1款规定："适用于融资租赁交易的租赁物为固定资产，另有规定的除外。"根据上述规定，租赁物虽然原则上应为固定资产，但并未完全将著作权排除在租赁物范围之外。故本案《售后回租赁合同》以真实存在的电视栏目著作权作为租赁物符合"融资""融物"双重特性，不违反法律、行政法规的强制性规定。

其次，从双方的合同权利义务来看，《所有权转让协议》约定某传媒股份有限公司将涉案著作权转让给某融资租赁有限公司，且双方已在国家版权局办理了权利转移变更登记，故涉案作品著作权已转移至某融资租赁有限公司；某传媒公司则享有涉案著作权的使用权并依约向某融资租赁有限公司支付了前7期租金及第8期部分租金，符合融资租赁权利义务关系。故涉案《售后回租赁合同》系双方当事人的真实意思表示，内容不违反法律、法规效力性强制性规定，合法有效。

需要注意的是，《民法典》第737条明确规定，当事人以虚构租赁物方式订立的融资租赁合同无效。这是《民法典》关于融资租赁合同的新增条文。真实存在的租赁物系融资租赁法律关系的存在前提和构成要件。如果融资租赁交易只有"融资"而没有"融物"，双方之间的真实意思表示名为融资租赁，实为借贷法律关系，该借贷行为是否合法有效，应当结合具体情况、以借贷相关法律规定为依据进行判断。

019

《民法典》中供用电、水、气、热力合同相关内容

FM99.6 厦门综合广播《新闻招手停》第22期

主持人:海蕾

主讲人:刘福来律师*、陈帆律师**

热点问题发现

1. 没有交物业费,物业公司可以停水停电吗?
2. 房东能否以租户拖欠租金为由断水断电?
3. 逾期缴纳水电费需要付多少违约金?
4. 电路故障、水管破裂等引发事故造成损失的,该谁赔?

常见问题解答

问 供用电、水、气、热力合同与买卖、借贷等一般的合同相比有什么特别之处?

答 供用电、水、气、热力合同是指一方提供电、水、气、热力资源供另一方使用,使用方支付对价的合同。以供用电合同为例:第一,标的物具有特殊性,电是人们生产生活的必需品,能感觉得到它的存在,但是看不见、摸不着,其物理特性、交付方式、计量方式都具有特殊性,不同于一般有体物;第二,具有公益性,该合同订立的目的并不是让供电企业盈利,而主要是满足人民生活消耗、生产经营的基本需求,具有鲜明的公益性;第三,具有持续性,供电企业并非一次性地把居民或者企业所需的电量全部供给用电人,而是根据用电人定时或不定时的用电需求来供应电力;第四,同时具有买卖合同和公共服务合同性质,一般为格式合同。

问 供电企业是否可以拒签合同?

答《民法典》第 648 条第 2 款规定,向社会公众供电的供电人,不得拒绝用电人合理的订立合同要求。因此,用电人提出用电申请后,供电企业审查用电要求是否合理,对于合理的用电要求,用电人不得拒绝、拖延,应当尽快确定供电方案并以书面形式告知用户,签订供用电服务合同。这是法律上的强制缔约义务,在公共服务领域中大量存在,比如公共运输服务的提供者,电信企业,电、水、气、热的供应者,医疗机构,保险行业等。

但是要注意的是,供电企业并非对所有用户都有供电的义务。按照《电力法》及《供电营业区划分及管理办法》的规定,供电企业须在批准的供电经营区内向用户供电。供电企业通常不得超越省级政府电力管理部门核准的供电营业区供电,用户也只能向其所处供电经营区内的供电企业要求订立供用电合同。

问 因设施检修需要停电、停水,供电供水的企业构成违约吗?

答 不构成违约,但必须按照国家规定事先通知用电用水人。因为这类合同的标的物很特殊,以供用电为例,基于输送、适用电的网络特点、科技水平限制等因素,用户对供电企业中断供电承担一定的合理容忍义务,特殊情况下应当允许供电人中断供电。《民法典》第652条规定了用户容忍供电中断的情况包括供电设施计划检修、临时检修、依法限电或者用电人违法用电等。

问 供电企业在任何情况下都要继续为用户供电吗?

答 不是的。供电企业虽具有强制缔约的义务以及持续供电义务,但并不意味着供电企业在任何情况下都要继续履行合同。根据《民法典》第654条及国务院《电力供应与使用条例》的规定,用户存在以下情形时,供电企业可以中止供电合同:(1)用户未按照规定期限足额支付电费,逾期超过30日,经催交仍未交付电费的;(2)违章用电且情节严重的。

这里要注意的是，供电企业因用电人逾期不支付电费而中止供电的，仍然要事先通知用电人。

问 逾期支付电费的违约金有多少？

答《民法典》第654条规定，用电人逾期不支付电费的，应当按照约定支付违约金。《电力供应与使用条例》第39条规定，用户逾期未交付电费的，供电企业可以从逾期之日起，每日按照电费总额的1‰～3‰加收违约金，具体比例由供用电双方在供用电合同中约定。《供电营业规则》第98条规定，电费违约金从逾期之日起计算至交纳日止，每日电费违约金的计算方式：(1)居民用户每日按欠费总额的1‰计算。(2)其他用户：①当年欠费部分，每日按欠费总额的2‰计算；②跨年度欠费部分，每日按欠费总额的3‰计算。

因此，如果供用电合同对逾期违约金进行了约定，且约定的标准不高于上述行政法规和部门规章的标准的，就按当事人的约定支付违约金；约定的标准高于上述标准的，用电人可以请求法院调低逾期违约金的标准。如果供用电合同对逾期违约金没有约定的，供电人主张的逾期违约金不高于上述标准的，法院可以支持，供电人主张的逾期违约金高于上述标准的，法院对超过的部分应当不予支持。

问 物业公司、房东能否停水停电？

答 第一，物业公司无权停水停电。供用电合同的主体是供电人和用电人，物业公司并不是合同的主体，不享有中止、解除供用电合同的权利，不得以用电人未缴付物业费为由对供电人和用电人之间的供用电合同进行干涉。对此，《民法典》第944条进行了明确的规定，业主违反约定逾期不支付物业费的，物业服务人可以催告其在合理期限内支付；合理期限届满仍不支付的，物业服务人可以提起诉讼或者申请仲裁。物业服务人不得采取停止供电、供水、供热、供燃气等方式催交物业费。这不仅是因为维护广大人民群众正常基本生活的需要，也是因为物业服务人并非供用电、水、热、气合同的主体，没有中止、解除合同的主体资格。

第二，房东是否有权停水停电视情况而定。如房屋租赁合同约定承租方拖欠租金或水电费，房东有权停水停电的，应依合同约定；如房屋租赁合同对停水停电没有约定的，一般出租方不能停水停电，但承租方长期拖欠租金，经房东催告在合理期限内仍不支付，导致房东的合同目的不能实现，通知承租方解除合同的，房东有权停水停电。

问 发生触电、电路火灾、水管破裂等事故，应该由谁承担损失的赔偿责任？

答 要确定事故的责任主体，首先必须找出事故的原因。如果是因为供水供电企业所供给的水电质量不符合国家规定的标准，导致事故发生的，造成的损失应由供水供电企业承担。如果供水供电的质量没有问题，而是因为维护不当造成事故的，应该以水电设施的产权方作为事故责任人，根据过错程度确定赔偿责任。供用水、电的企业和用水用电人可以在供用水、电合同中协商约定供用水、电设施的维护责任。如果约定不明或者没有约定,应按照产权分界处确定各自的维护责任。以供用电为例,根据《电力供应与使用条例》第 26 条第 1 款的规定,用电计算装置(电表)应当安装在供电设施与受电设施的产权分界处,因此可以通过电表的安装地点来推定产权分界处。产权分界处电表前侧的供电设施属于供电人,由供电人负责运行维护管理,电表及电表之后的受电设施属于用电人,由用电人负责运行维护管理。

典型案例分析

案件名称:无锡某公司与
某供电公司供用电合同纠纷案

案号:(2021)苏 0211 民初 1389 号

审理法院:江苏省无锡市滨湖区人民法院

案例来源:中国裁判文书网

基本案情 无锡某公司因生产铝带、钢带工业生产用电需要,是某供电公司长期的用电人,某供电公司的分支机构山水城供电所长期负责包括无锡某公司在内的双新安置园内企业用电事宜,供用电合同履行地即供电设施的产权分界点在双新安置园内。无锡某公司的每批次的铝带、钢带生产，均是流水线作业，供电稳定是基本要求。若生产铝带、钢带时停电，则该批次铝带、钢带将因质量严重损坏而直接全部报废。2020年6月3日至4日，某供电公司在无停电通知的情况下，停电3次。某供电公司该3次停电给无锡某公司造成了重大损失，无锡某公司遂向法院起诉某供电公司赔偿相应损失。

法院观点 无锡某公司称2020年6月3日、4日连续发生断电，但根据某供电公司的电压、电流曲线图，法院仅认定2020年6月4日无锡某公司用电线路发生2次断电，6月3日用电线路未发生断电事故。6月4日断电系线路突发故障，并非某供电公司对电力设施计划检修或临时检修所致，某供电公司无提前通知义务，客观上也无法对突发故障提前通知，但线路突发故障系电力运行事故，不属于不可抗力、用电人过错等免责事由，某供电公司仍应就未能履行供电义务向用电人承担违约责任。

裁判结果 某供电公司应赔偿无锡某公司损失60,434元。

律师分析 《民法典》第652条规定，供电人因供电设施计划检修、临时检修、依法限电或者用电人违法用电等原因，需要中断供电时，应当按照国家有关规定事先通知用电人；未事先通知用电人中断供电，造成用电人损失的，应当承担赔偿责任。因此，用户对供电企业合法合理的中断供电承担容忍义务，供电企业无须承担违约责任。但是，供电人未依法事先通知用电人中断供电，造成用电人损失的，应当承担损失赔偿责任。损失赔偿的范围为用户的可得利益，包括直接损失如因中断供电带来的机器设备损坏，也包括与中断供电具有直接因果关系的其他可得利益损失。

虽然本案中法院根据某供电公司的电压、电流曲线图，认定案涉断电系线路突发故障，并非某供电公司对电力设施计划检修或临时检修所致，某供电公司无提前通知义务，但线路突发故障系电力运行事故，不属于不可抗力、用电人过错等免责事由。因此，某供电公司仍应依据《民法典》第577条的规定，就其未能履行供电义务向用电人承担违约责任。

---

* 刘福来律师，厦门大学法律硕士；福建旭丰律师事务所合伙人、副主任、婚家财传业务部主任；福建省文明诚信先进律师；福建省婚姻家庭法、公司法专业律师；厦门市优秀律师；厦门市律协婚家财传专委会副主任、权保委副主任；厦门市法学会民商法学研究会理事；厦门市思明区第十八届人大代表。

** 陈帆律师，暨南大学法律硕士；福建旭丰律师事务所民事业务部副主任；厦门市市长热线接听律师、厦门市12348法律咨询中心值班律师。

020

《民法典》中有关赠与合同的相关内容

FM99.6 厦门综合广播《新闻招手停》第 23 期

主持人:海蕾

主讲人:简斯林律师*、庄幼留律师**

热点问题发现

1. 公证赠与可以撤销吗?
2. 子女"不赡养",父母能否要回赠与财物?
3. 恋爱期间的赠与,分手后能要回来吗?

常见问题解答

问 《民法典》关于"赠与合同"相较于之前的法律有没有什么新变化?

答 此次的《民法典》在"赠与合同"上变化不大,比如《民法典》第659条规定,“赠与的财产依法需要办理登记或者其他手续的,应当办理有关手续”,这里增加了“或者其他”手续,原《合同法》只有“登记”;比如《民法典》第663条规定,“受赠人有下列情形之一的,赠与人可以撤销赠与:(一)严重侵害赠与人或者赠与人近亲属的合法权益”这里增加了“的合法权益”。有明显变化的是《民法典》第658条,法条是这样规定的,“赠与人在赠与财产的权利转移之前可以撤销赠与。经过公证的赠与合同或者依法不得撤销的具有救灾、扶贫、助残等公益、道德义务性质的赠与合同,不适用前款规定”。与原《合同法》及相关司法解释相比较,此次《民法典》第658条主要有两个变化:

1. 增加“助残”,原来只有救灾、扶贫,此次《民法典》增加了“助残”,这些公益道德义务性质的赠与合同依法不得撤销。

2. 在“具有救灾、扶贫、助残等公益、道德义务性质的赠与合同”增加了前缀“依法不得撤销的”。对于这种具有救灾、扶贫、助残等公益、道德义务性质的赠与合同,须在“依法不得撤销”的前提下,赠与人才不得撤销赠与。但《民法典》并没有对什么情况下构成“依法不得撤销”作出规定,我们只能从其他法律法规中寻找适用情形。例如,根据《慈善法》第3条、第41条的规定,捐赠人通过广播、电视、报刊、互联网等这些媒体公开承诺捐赠,以及捐赠财产用于扶贫、济困、扶老、救孤、恤病、助残、优抚、救助自然灾害、事故灾难和公共卫生事件等突发事件造成的损害等慈善活动并签订书面捐赠协议,捐赠人拒不交付的,慈善组织和其他接受捐赠的人可以依法向人民法院申请支付令或者提起诉讼。可以这样理解，捐赠人公开承诺捐赠或者签订书面捐赠协议的一般就属于这个"依法不得撤销"的情形。

问 公证赠与是不可以随便撤销的吗？

答 是的，《民法典》第658条规定："赠与人在赠与财产的权利转移之前可以撤销赠与。经过公证的赠与合同或者依法不得撤销的具有救灾、扶贫、助残等公益、道德义务性质的赠与合同，不适用前款规定。"根据该规定，公证赠与是不能任意（随便）撤销的，除非出现法律规定可以撤销的情形或受赠人不履行赠与义务等，所以说公证赠与的撤销是很严苛的。

问 有没有最新的司法案例可以分享？

答 前不久上海市第二中级人民法院审结的一起涉及公证赠与和公证遗嘱的案件。有一个姓陈的老人将一处房屋先公证赠与其孙子，后来又以公证遗嘱的形式将上述这个房屋留给其三个儿子。问题是后面做的公证遗嘱与前面做的公证赠与内容上矛盾了，应该以哪一个公证为准呢？具体案情如下：老陈有4个儿子，陈大、陈二、陈三、陈四。陈四有一个儿子陈小四（也就是老陈的孙子）。2014年2月，老陈与孙子陈小四签订赠与合同，约定老陈将他名下的一处房屋赠与陈小四，这个赠与合同经过了公证。2015年2月，老陈起诉要求撤销这个赠与合同，未获法院支持。2015年9月，老陈立下公证遗嘱，遗嘱载明："他去世后，上述房屋由陈大、陈二、陈三共同继承”（没有陈四），老陈去世后，4 个儿子因房屋归属发生纠纷。于是陈小四起诉要求确认这个房屋产权归他所有。

问 法院最后如何认定？

答 法院最后认定老陈和他孙子签订的赠与合同经过公证，在没有证据证明受赠人（陈小四）有法定撤销情形的情况下，属于不可撤销的赠与合同。虽然二人没有办理房屋产权过户手续，但经过公证的赠与合同属于诺成性合同。什么是“诺成性合同”，也就是说赠与人和受赠人的意思表示一致后合同就成立生效了，即使没有办理产权过户这个赠与也是有效的，这个案件中公证的赠与合同合法有效，老陈就应该履行赠与合同的承诺。法院最后判决陈小四可依照赠与合同取得诉争房屋的产权。

问 一般的赠与合同可以在赠与财产交给受赠人之前反悔吗？

答 一般的赠与是允许反悔的，但是经过公证或者公开的公益、道德类的赠与除非有法律规定可以撤销的情形，一般是不允许反悔的。就如上面提到的《民法典》第 658 条规定，“赠与人在赠与财产的权利转移之前可以撤销赠与。经过公证的赠与合同或者依法不得撤销的具有这种救灾、扶贫、助残等公益、道德义务性质的赠与合同，不适用前款规定”。

问 哪些法律规定的情形下赠与人可以撤销呢？

答 我们上面法条说的，经过公证的赠与合同以及依法不得撤销的具有救灾、扶贫、助残等公益、道德义务性质的赠与合同不可任意撤销，但有下面这些情况的，赠与人（包括赠与人的继承人或者赠与人的法定代理人）可行使撤销权或者赠与人不再履行赠与义务。一是受赠人严重侵害赠与人或者赠与人近亲属的合法权益；二是对赠与人有扶养、赡养义务不履行；三是赠与合同约定的义务或条件不履行，赠与人可以撤销赠与。这里需要注意的是，有上面这些情形的赠与人行使撤销权是有时间限制的，应该在自知道或者应当知道撤销事由之日起 1 年内行使，否则超过时间是不能行使撤销权的。法定的可以行使撤销权的其他特殊情况：《民法典》第 664 条第 1 款规定，即因受赠人的违法行为致使赠与人死亡或者丧失民事行为能力的，赠与人的继承人或者法定代理人可以撤销赠与。还有就是要注意一种特殊情况（类似于情势变更），即《民法典》第 666 条的规定，"赠与人的经济状况显著恶化，严重影响其生产经营或者家庭生活的，可以不再履行赠与义务"。

问 赠与的撤销权有时间的限制吗？

答 根据《民法典》第 663 条和第 664 条的规定，赠与人本人行使法定撤销权的期间是自知道或者应当知道撤销原因之日起 1 年内；在因受赠人的违法行为致使赠与人死亡或者丧失民事行为能力的情况下，其继承人或者法定代理人行使法定撤销权的期间是自知道或者应当知道撤销原因之日起 6 个月内。另根据《民法典》第 152 条第 2 款"当事人自民事法律行为发生之日起五年内没有行使撤销权的，撤销权消灭"之规定，自撤销事由发生之日起5年内没有行使撤销权的，撤销权消灭。

问 受赠人对赠与人有赡养义务不履行，赠与人可以撤销赠与吗？

答 是可以的，针对这类父母子女反目引发的赠与合同纠纷，法院一般会基于人伦道德予以正面回应，如果子女确实实施了不赡养、不孝的行为，对父母在经济上、精神层面造成严重伤害，父母有权撤销对子女的赠与。

问 对于“有没有尽到赡养义务”，法律上是怎么来界定的呢？

答 比如，《老年人权益保障法》就规定，作为子女的应当履行对老年人经济上供养、生活上照料和精神上慰藉的义务，照顾老年人的特殊需要。如果老年人生病，应及时让老人得到治疗和护理，对经济困难的老年人应当提供医疗费用等。

问 恋爱期间赠送的财物，分手后能不能要回来？

答 恋爱期间双方发生的财物赠与不同于法律上的一般赠与，也不同于按照习俗而给付彩礼的行为，它是基于双方恋人关系而发生。一般来说，恋爱期间的小额财物赠与或者日常的消费支出法院一般会认定是维系感情的必要支出或系双方的共同消费，不应当要求返还。而大额财物的赠与行为，我们需要探求一下当事人的真实意思表示，可能是当事人一方基于结婚为目的的一种赠与，他的赠与行为可以视为一种附条件的赠与行为。当双方无法缔结婚姻关系时，赠与财物的一方当事人的赠与目的则无法实现。因此，赠与一方当事人有权要求返还。至于返还多少法院要结合具体的案件情况，这也是民事活动中公平原则的体现。

典型案例分析

案件名称：陈阿婆与周某金赠与合同纠纷案

案号：(2021)闽0206民初580号

审理法院：厦门市湖里区人民法院

案例来源：中国裁判文书网

基本案情 2000年10月，被告周某金与原告陈阿婆之女黄某珠办理了离婚登记，约定夫妻共同生育的一儿一女由男方抚养，财产归男方所有，女方至福利院安养天年，同时约定女方父母与男方仍为父子、母子关系，一切生活费用及住房均由男方负责，至养老送终。而后，陈阿婆老两口由周某金负责赡养，所在社区曾于2006年出具相应赡养证明。2012年12月，陈阿婆与周某金签订赠与合同，将个人名下位于湖里区的一处房屋赠与周某金再婚生育之子小周，厦门市思明区公证处出具相应公证书。

原告陈阿婆诉称，2012年，周某金将公证书材料夹在其他材料中，使陈阿婆在完全不知情的情况下签署了赠与材料，作出与自己真实意思相违背的赠与行为。在2020年时杨阿婆才发现周某金在其不知情的情况下对案涉房屋做了赠与公证。

周某金及小周共同辩称，周某金在结婚时便入赘，后来离婚后黄某珠就把陈阿婆交给周某金赡养，陈阿婆是为了报答赡养之情，才有赠与行为的表示。陈阿婆起诉并非本意，是旁人假借其名义提出诉求。

法院观点 本案系赠与合同关系，争议焦点为案涉赠与合同能否撤销。首先，赠与合同的公证并没有相反证据推翻，法院应当作为认定事实的根据。其次，陈阿婆在本案起诉状中陈述该赠与违背其真实意思，然而又与2021年4月其所作的情况说明存在矛盾。本案现有证据不足以证明陈阿婆起诉状中陈述的将案涉房屋赠与小周系违背真实意思的事实。最后，当事人或利害关系人可以在1年内向公证处提出复查，本案所涉公证书出具至今已近9年，陈阿婆或其他利害关系人从未向公证处提出过复查，可以认为陈阿婆或其他利害关系人认可公证书的内容。

裁判结果 法院认为陈阿婆要求撤销将厦门市湖里区××号房产赠与周某金的赠与合同的主张，缺乏事实和法律依据，不予支持，判决驳回陈阿婆的诉讼请求。

律师分析 根据我国《民法典》第658条的规定，赠与合同中的撤销权是指赠与合同成立之后，赠与财产转移之前，赠与人可以根据自己的意思作出撤销赠与的意思表示。同时《民法典》规定，经过公证的赠与合同不得任意撤销。

首先，本案所涉赠与合同经厦门市思明区公证处公证，在没有相反证据足以推翻公证书的情况下，法院应当作为认定事实的根据。其次，赠与合同符合合同成立要件，是陈阿婆的真实意思表示，所以该赠与合同真实有效。

---

* 简斯林律师，毕业于中南财经政法大学；厦门市市长热线接线接访律师、厦门市"名律师联百村"项目基层法律顾问。

** 庄幼留律师，福建旭丰律师事务所婚姻家庭与财富传承业务部副主任，厦门市中级人民法院法律咨询值班律师、厦门市12348法律咨询中心值班律师。

021

保证须谨慎——《民法典》背景下的“保证合同”

FM99.6 厦门综合广播《新闻招手停》第 24 期

主持人：海蕾

主讲人：黄婷婷律师、王天成律师

热点问题发现

1. 口头方式能否成立保证合同？
2. 公司未经股东会决议在保证合同上盖章，该保证是否有效？
3. 保证方式约定不明的，保证人如何承担保证责任？

常见问题解答

问 口头方式能否成立保证合同?

答 不同于我们常见的其他合同,保证合同的签订必须采用书面形式。保证合同是要式合同,必须具备法律规定的形式,即《民法典》规定的书面形式,口头的保证不能成立保证合同。也就是说,书面形式是保证合同的成立要件,如果没有书面合同,保证合同不成立。之所以作这样的规定,是为了提醒和警示保证人,一旦在保证合同上签字,或者在主债权债务合同的保证人栏目上签字,就意味着要承担相应的保证责任,促使其谨慎行事。

问 公司未经股东会决议在保证合同上盖章,该保证是否有效?

答 与自然人相比,公司担保有其特殊性。根据《公司法》的规定,公司作为企业法人,有内设的组织机构,如股东会、董事会。公司对外提供担保的,要遵循章程的规定,履行内部决策程序,才可以视为公司的真实意思表示。《民法典》及最高人民法院《关于适用〈中华人民共和国民法典〉有关担保制度的解释》针对担保合同对公司不发生效力的情形有作规定。概括来说,公司对外提供担保,签署保证合同的,除了保证合同的签署外,还应有公司内部决策机构(如股东会、董事会)表决同意公司对外进行保证的决议。其中,如果公司是为关联方提供担保的,比如,公司为自己股东或者实际控制人的债务提供担保,对外签署保证合同的,应当由公司的股东会出具股东会决议。如果公司是为非关联的主体提供担保的,依照公司章程的规定,由董事会或者股东会决议。因此,如果债权人在接受公司担保时,除了拿到一份公司盖章确认过的保证合同外,律师建议进一步索取该公司的股东会决议,这份决议文件的内容是作为保证人的公司的股东表决同意公司对外进行保证。否则,保证合同可能就存在被认定无效的风险。如果是上市公司担保,法律还要求债权人审查上市公司公开披露的关于担保事项已经董事会或者股东大会决议通过的信息,否则保证合同就可能无效。

问 保证方式约定不明的,保证人如何承担保证责任?

答 如果保证合同上没有明确写明承担何种保证责任,此时首先应通过具体条款的表述来判断各方是否具有债务人应当先承担责任的意思表示。如果具有债务人应当先承担责任的意思表示的,应当将其认定为一般保证。不具有债务人应当先承担责任的意思表示的,应当将其认定为连带责任保证。

最常见的表述就是在保证合同中直接约定保证人对债务人的债务承担连带保证责任;另外,如果保证合同约定保证人在债务人不履行债务或者未偿还债务时即承担保证责任、无条件承担保证责任等类似内容,也会被认定为连带责任保证。这主要是因为通过类似的这些表述可以确定在订立保证合同时并不具有债务人应当先承担责任的意思表示。例如,保证合同约定,在主债务人“不履行债务时”或者主债务人“不履行到期债务时”，保证人承担保证责任。该表述表明，一旦主债务人“不”履行债务这一事实出现，保证人即应当承担保证责任，保证人承担保证责任没有顺序性，没有主债务人应当先承担责任的意思表示。因此，保证人承担保证责任的方式应当解释为连带责任保证。

如果还是难以确定保证人的真实意思表示，也就是说，在当事人没有约定保证方式或者对保证方式约定不明的情形，则不能成立连带责任保证，只能认定为一般保证。这也是这次《民法典》不同于以往规定的一个推定规则。

典型案例分析

案件名称：冯某与李某、赵某、贾某确认合同无效纠纷案

案号：(2018)最高法民再210号

审理法院：最高人民法院

案例来源：威科法律信息库

基本案情 2014年3月6日，出借人贾某与借款人李某及保证人赵某签订《借款合同》，借款人民币1000万元，约定借款期限为6个月。保证条款约定：保证人对本合同约定乙方承担的借款本息及违约责任、甲方实现债权的全部支出，均愿以保证人个人及家庭财产承担连带保证责

任;保证人承担以上保证责任已经征得财产共有人同意,并与财产共有人共同签署本合同。本合同自甲、乙双方及保证人各方签字后生效等内容。贾某在合同落款甲方处签字,李某在乙方处签字,赵某在保证人一栏签字,保证人(配偶)财产共有人处空白。借款按照借款人的指示打入指定账户。赵某与冯某为夫妻,目前夫妻关系仍存续。冯某向一审法院起诉请求:依法确认贾某、李某与赵某签订的《借款合同》中的保证条款无效。

法院观点 本案一审判决认为,赵某在未征得财产共有人冯某同意的情况下,承诺以家庭财产为他人提供担保,损害了冯某的合法权益,故该承诺对冯某无约束力。冯某的诉讼请求部分成立,应予以支持。一审法院判决:《借款合同》保证条款中赵某承诺以家庭财产承担连带保证责任的部分无效。

本案二审判决认为,案涉《借款合同》已因履行发生争议,经仲裁委员会作出裁决书,认定案涉《借款合同》合法有效,并裁决由借款人偿还借款本息,保证人赵某承担连带还款责任。故案涉《借款合同》中保证条款的效力已被生效仲裁裁决所确认。赵某以个人名义设立的保证债务,系无偿保证,该保证债务的设定并没有基于夫妻共同生活的可能,应认定为赵某个人债务。冯某不是借款合同的当事人,不具备诉讼利益。二审法院裁定:撤销一审判决,驳回冯某的起诉。

最高人民法院再审认为,关于冯某是否系本案适格原告主体的问题,冯某本案起诉主张确认合同中保证条款无效,系为维护其自身合法权益;仲裁裁决书仅裁决赵某对案涉《借款合同》的借贷债务承担连带保证责任,该裁决主文内容对《借款合同》中保证条款的效力并未作出认定,实际也不能扩张至非仲裁当事人。故该仲裁与本案不属重复处理。赵某与冯某系夫妻关系,案涉《借款合同》的保证条款不仅涉及赵某的个人财产,更重要的是涉及赵某和冯某的夫妻共同财产,因为在夫妻关系存续期间,除非夫妻双方有分别财产的约定,否则夫或者妻的收入都为夫妻共有财产,且为共同共有而不是按份共有。因此,该保证条款直接影响冯某的财产利益。冯某现对合同内容中保证条款不予追认,其与本案有直接利害关系,具有诉讼利益。冯某系本案适格原告,原裁定认为冯某不具有原告主体资格,裁定驳回冯某的起诉,确属错误,本案应予以审理并依法作出裁判。

关于案涉《借款合同》中保证条款的效力问题,案涉《借款合同》第5条保证条款约定:保证人赵某承诺以个人及家庭财产承担连带保证责任,其承担保证责任已征得财产共有人同意,并与财产共有人共同签署合同。但是,冯某作为赵某的配偶在财产共有人处未签署姓名。故赵某本人作为保证人已在合同保证人处签名,其个人在提供担保时无须征得财产共有人的同意,冯某在该合同中未签署姓名并不影响赵某个人保证责任的成立与生效,赵某以个人财产提供担保的意思表示合法有效。赵某在未征得财产共有人冯某同意的情形下,承诺以家庭财产为他人提供担保,系无权处分,冯某对此不予追认,该承诺无效,并对冯某不具有法律约束力。

裁判结果 撤销二审裁定,维持一审判决。

律师分析 本案再审改判涉及了两项典型的法律关系:一是如何判定是否存在两个裁判机构重复裁判的情形;二是夫妻一方能否自行决定以夫妻共同财产承担保证责任。对此,观判分析论证如下:

第一,最高人民法院与二审法院的分歧点,在于仲裁裁决对保证条款效力是否已经作出了裁决。仲裁裁决书中,在判项主文裁决赵某承担保证责任,在论述裁判理由部分认定保证条款有效,故简单地从字面上看,似乎存在"案涉保证条款的效力已被生效仲裁裁决所确认"。但细究之,仲裁裁决书是从当事人赵某的角度认定了保证条款对赵某有效,但冯某未参加仲裁,也未对其主张进行过审理,让冯某对其未参加仲裁承担后果,损害了冯某的诉讼权利;何况,仲裁裁决书主文是判决赵某承担连带责任,并未判决冯某的任何责任。因此,冯某是有权提出本案诉讼的,二审裁定认定冯某丧失诉权确实不当。

第二,冯某起诉主张《借款合同》保证条款无效,一审判决《借款合同》中承诺以家庭财产承担连带保证责任的部分无效,最高人民法院再审改判维持了一审判决,其法律适用的基础就是涉及共有权的无权处分,即赵某在未征得财产共有人冯某同意的情形下,承诺以共有财产为他人提供担保,属于无权处分。但是,无权处分是整体无效的后果,不应当是部分无效的后果,类似夫妻一方擅自出售房屋,是出售行为全部无效,而不是部分无效。对此,最高人民法院将本案无效情形进行了具体区别:赵某以个人财产承担保证责任的承诺有效,但以家庭财产承担连带保证责任的承诺无效;且与仲裁裁决结果亦无任何冲突。

本案涉及夫妻一方对外负有债务,另一方配偶的权利如何保障的问题。观判认为,最高人民法院对本案的再审改判,树立了保护无过错、无受益的配偶一方的合法权益的原则。同时,本案也警示了债权人,如果需要公民个人进行债务担保的,最稳妥的方式,是要求夫妻双方共同签署担保文件,不宜向另一方配偶隐瞒,才能有效避免将来出现法律纠纷。

022

解读《民法典》有关货物买卖合同的相关规定

FM99.6 厦门综合广播《新闻招手停》第 25 期

主持人:海蕾

主讲人:沈玉洪律师、曾鑫律师

热点问题发现

1.《民法典》对买卖合同的内容是如何规定的?
2. 使用口头合同,若要避免出现问题应当如何补救?
3. 定金与订金仅一字之差,写错会对合同有什么影响?
4. 买卖合同中没有约定定金和违约金条款,买家逾期支付货款,卖家还能向对方主张逾期付款的违约金吗?
5. 因货物的价格波动较大,买卖合同中出现一方遭受重大经济损失,对方不同意解除合同并要求继续履行合同的应当如何处理?

常见问题解答

问《民法典》对买卖合同的内容是如何规定的?

答 根据《民法典》第 595 条的规定,买卖合同是卖家转移标的物的所有权给买家,买家支付价款的合同。买卖合同内容需要设置的必备要素,在《民法典》第 596 条已经作出详细的规定和明确的列举,一般包括标的物的名称、数量、质量、价款、履行期限、履行地点和方式、包装方式、检验标准和方法、结算方式、合同使用的文字及其效力等内容。除此之外,建议尽量设置合同鉴于条款、违约条款、争议解决条款与文书送达条款。

问 签订合同前如何审查合同相对方、公章的真实性?

答 签订合同前,需要认真审查对方的主体资格以及合同洽谈人的资格和代理权限、到对方的公司进行实地考察,了解签约人的身份、对方公司是否真实存在、对方公司的经济实力、注册资本等情况。同时,可到工商管理部门查阅工商档案,了解对方公司是否处于存续期内、经营范围、企业年报,同时可以通过裁判文书网、企查查等 App 进行初步的资信调查,查看对方是否涉及诉讼或被执行的情况。

对审核公章对外效力与真实性方面,需要合同相对方提交公章最新印鉴样本作附件进行比对核实,此外还需要向公司进一步核实业务代表对外签订该合同的授权情况,避免签定合同盖假章、超越权限或无权代理带来的各种法律风险。

问 为方便，使用口头合同，有何风险？若要避免出现问题应当如何补救？

答 现实生活中通过口头形式订立的货物买卖合同较多，因口头合同导致的纠纷，如交付延迟、交付数量不足、交付不符合质量要求的买卖合同纠纷比较常见。因此，采用电话或当面口头形式订立的货物买卖合同确实能起到快速订购货物的目的，但无法代替书面合同。律师建议在事后补充签订书面合同，同时保留微信、QQ、电子邮件等合同磋商记录以及送货单、出仓单、收货单、销售结算单、电话录音、短信、发票、转账凭证等证据，以便在发生争议后作为证据使用。

问 卖家发的货不符合合同约定，买家应该如何处理？

答 出卖人交付的货物因为货物质量本身不符合合同要求，导致不能实现合同目的的，属于根本违约，买受人完全可以拒绝接受标的物或者要求解除合同。举个例子，生产厂家将N95口罩生产成普通口罩无法满足防疫需求，作为买受人的医院可以追究口罩厂家的根本违约责任，可以拒绝收货，解除合同，要求生产商承担违约责任，赔偿另购口罩差价的损失。根据《民法典》第610条的规定，因标的物不符合质量要求，致使不能实现合同目的的，买受人可以拒绝接受标的物或解除合同，买受人拒绝接受标的物或者解除合同的，标的物毁损、灭失的风险由出卖人承担。

问 定金与订金仅一字之差，写错会对合同有什么影响？

答 合同中明确的“定金”，是一定的“定”，不是订书机的“订”，这两者一字之差代表的法律含义完全不同,《民法典》第 586 条规定,当事人可以约定一方向对方给付定金作为债权的担保。定金合同自实际交付定金时成立。定金的数额由当事人约定;但是,不得超过主合同标的额的 20%,超过部分不产生定金的效力。另外,《民法典》第 587 条规定,债务人履行债务的,定金应当抵作价款或者收回。给付定金的一方不履行债务或者履行债务不符合约定,致使不能实现合同目的的,无权请求返还定金;收受定金的一方不履行债务或者履行债务不符合约定,致使不能实现合同目的的,应当双倍返还定金,对发生争议时,选择这个一定的定金,可以选择定金罚则对违约方进行惩罚。

如果合同中写成了言字旁订书机的“订”,在法律上只能被视为合同在履行过程中支付的合同预付款,作为合同价款金额中一小部分,它是没有定金担保性质和惩罚功能的,若收受货款一方根本违约,另一方就无权获得双倍返还,支付货款一方根本违约,只能作为冲抵相关违约金与实际损失。

问 买卖合同中没有约定定金和违约金条款,买家逾期支付货款,卖家还能向对方主张逾期付款的违约金吗?

答 买卖合同中没有约定违约金的,可以向对方主张因违约而产生的逾期付款损失,根据 2020 年修订的最高人民法院《关于审理买卖合同纠纷案件适用法律问题的解释》第 18 条第 4 款的规定,买卖合同没有约定逾期付款违约金或者该违约金的计算方法,出卖人可以买受人违约为由主张赔偿逾期付款损失。违约行为发生在2019年8月19日之前的,按中国人民银行同期同类人民币贷款基准利率为基础,参照逾期罚息利率标准计算;违约行为时间发生在2019年8月20日之后的,以违约行为发生时中国人民银行授权全国银行间同业拆借中心公布的一年期贷款市场报价利率(LPR)标准为基础,加计30%~50%计算逾期付款损失。

问 合同签订后,因市场价格波动较大,买卖合同中出现一方遭受重大经济损失,对方不同意解除合同并要求继续履行合同的应当如何处理?

答 合同成立后,当合同的基础条件发生了当事人在订立合同时无法预见不属于不可抗力及非商业风险的重大变化,继续履行合同将对当事人一方明显不公平的,受不利影响的当事人在不能与对方重新协商的,当事人可以《民法典》第530条规定的情事变更原则请求人民法院或者仲裁机构变更或者解除合同。法院在判决时会结合案件的实际情况,从衡平当事人利益的角度依法判决变更或者解除合同,来达到双方合理分担的目的。

典型案例分析

案件名称：玉昆钢材直销部诉泷澄公司、李某某、陈某某等买卖合同纠纷案

案号：(2019)云0426民初204号

审理法院：峨山彝族自治县人民法院

案例来源：中国裁判文书网

基本案情 泷澄公司昆明分公司系泷澄公司的分公司，2017年1月18日注销。陈某某系李某某雇用的工地管理人员。泷澄公司昆明分公司在2016年存续期间，李某某利用加盖有泷澄公司及泷澄公司昆明分公司印章的授权委托书及相关资质证照后，与五行生物签订《建设工程施工合同》，承建五行生物某项目工程。2016年3月，泷澄公司昆明分公司的实际经营者段某以该分公司的名义与李某某签订《某泷澄公司企业工程项目管理责任书》，约定由李某某挂靠泷澄公司完成项目施工。2016年3月，段某以泷澄公司名义向李某某出具了授权委托书，授权李某某以公司代理人身份及项目负责人身份和五行生物签订施工合同及办理相关事宜。李某某在以泷澄公司的名义进行施工过程中，陈某某因工程施工需要，2016年7月以"泷澄公司昆明分公司五行生物科技某项目专用章"作为甲方和以玉昆直销部为乙方签订《钢筋购销加工合同》，

合同中约定了货款支付方式及违约责任。如甲方违约需向乙方支付按工程20%尾款为基数以2%的利息作为补偿。2017年3月,李某某又以同样的方式和玉昆直销部签订《砂石料供货合同》,合同履行过程中,经双方多次结算,仍欠玉昆直销部货款总计数额为388,109元。

法院观点 泷澄公司承建工程后,对于供货商来讲,很容易从五行生物了解到承建工程的公司及其负责人,在玉昆直销部看来,李某某、陈某某有权代表泷澄公司与五行生物签订施工合同,更有理由相信其有权代表泷澄公司与其签订供货合同。鉴于李某某在和五行生物签订施工合同中的身份,已足以让交易相对人产生合理信赖。让玉昆直销部对泷澄公司的印章真实性进行实质性审查,对交易相对人来讲过于严苛,不符合商事活动中鼓励交易的原则。本案中,泷澄公司在昆明设立分公司后,对总公司及分公司的资质证照材料有警慎保管义务,应对分公司使用总公司资质证照材料的后续工作进行全程跟踪和监督,在本案中具有明显的过错,李某某、陈某某的行为已构成表见代理,其与玉昆直销部所签订的供货合同有效,作为买受人的权利义务应由泷澄公司享受和承担。

本案中,双方的买卖关系合法有效,双方当事人应按约定履行各自的义务,李某某收到玉昆直销部的货物后,长期拖欠货款不付,已构成违约。陈某某系李某某的工地管理人,其与玉昆直销部签订合同的行为系职务行为,该行为的后果应由李某某和泷澄公司承担。

裁判结果 一审判决:(1)由被告泷澄公司、李某某于本判决生效后30日内连带支付原告玉昆钢材直销部货款388,109元及钢筋欠款违约金576元,并自2019年2月20日起,以应付而未付的砂石料欠款244,115元为计算基数,按年利率6%的标准计付逾期付款损失至砂石料欠款付清之日止。(2)驳回原告玉昆钢材直销部的其他诉讼请求。

泷澄公司不服提起上诉。云南省玉溪市中级人民法院于2019年12月作出(2019)云04民终1199号民事判决:驳回上诉,维持原判。

律师分析 印章是公司对外的"信物"。公司印章必须具有唯一性。公司应加强对能够代表公司的公章、法定代表人印章、财务章、合同专用章等的管理,切勿在对外的文书(包括但不限于合同、对外联系函件、招投标书、承诺书、工商登记备案文件等)上同时使用多个不同的印章。否则可能给他人可乘之机,即通过伪造公司印章的方式以公司的名义对外签订合同,即证明代表公司使用该公章签订合同的人构成表见代理或构成公司的职务行为。本案中,尽管泷澄公司主张公章伪造,且在全国各地均成立分公司,却疏于对分公司所有文件、印章材料的管理,且在明知该公章存在并使用的情况下,未采取措施防止相对人的利益损害。因此,使用该公章签订的合同应认定为泷澄公司的行为。从本案裁判意见及以上分析可以看出,泷澄公司的印章管理出现混乱,使公司面临巨大的交易风险。建议公司法定代表人直接管理或者委托诚实可靠的人管理印章,并制定严格的用印、刻印审批流程,切勿同时刻印或允许他人刻印公司印章。

023

家装合同签不签，怎么签？

FM99.6 厦门综合广播《新闻招手停》第 26 期

主持人：海蕾

主讲人：苏礼墩律师、李苏律师

热点问题发现

1. 如何尽量避免遭遇装修烂尾？
2. 装修结算价格超过预算价格，能否拒付款？
3. 质量有问题，怎么办？
4. 装修误工期，赔偿怎么算？

常见问题解答

问 消费者在装修前应该如何选择装修单位或施工人员，以尽量避免遭遇装修烂尾？

答 对于选择装修公司，律师建议从以下几个方面来考虑，首先，要查验装修公司的资质情况，看一下装修公司是否具有装修资质、营业执照，也可以通过第三方平台查证。其次，通过各种公开途径，查询了解装修公司的经营情况，如查询这类公司是否有跑路等负面新闻，通过中国裁判文书网、中国执行信息公开网查询其涉及诉讼、执行的情况，通过国家企业信用信息公示系统查询其成立时间、地址、吊销、注销情况等工商信息。再次，参观装修公司在其他项目的实际施工现场，考察装修公司在各个施工阶段的施工质量。另外，建议消费者尽量选择有资金监管的装修公司。目前，有的装修公司有引入第三方资金监管模式，即消费者预付的工程款存入第三方资金监管平台，待相应部分工程完工并通过验收后，再由资金监管平台打入装修公司账户。选择这样的装修公司，可以有效地防范因装修公司中途撂挑子或跑路，给消费者造成经济损失的风险。最后，建议签订书面的装修合同，明确约定双方的权利、义务，明确约定装修公司各类可能发生的违约情形的违约责任，明确违约金数额或计算标准，一旦发生纠纷，可通过主张违约赔偿来实现救济。

问 装修结束结算的时候,装修的价款与原来签署合同的价款不一致,消费者可以拒付多出的部分吗?

答 首先要厘清结算价款与签署合同时的价款不一致的原因。若因工程量增加引起的,需判断原合同约定的价款是否已包含了该增加的工程,若已包含,消费者可以拒付多出的部分。若没有包含,需判断双方在装修过程中有没有就增加的工程量及价款达成一致,若已达成一致,消费者自然就不能拒付多出的部分,若没有达成一致,消费者有证据证明装修公司系未经其同意擅自增加工程量的,则消费者有权拒绝支付多出的这部分工程款。

问 消费者在签署书面的装修合同时就工程项目的条款应该注意哪些事项?

答 消费者在签署合同时应在合同中明确具体的装修内容。具体包含以下三个方面:(1)明确装修范围。明确装修公司提供的具体商品和服务,包括赠送内容等,避免装修过程中产生分歧。(2)明确材料信息。尽可能在合同中或者以合同附件的形式明确约定好施工所用的材料,比如类别、型号、品牌、材质等,施工过程中需要的特殊施工工艺等,避免施工过程中装修方以次充好、说一套做一套。(3)要做限制增项的约定。预算做出后,建议在合同中增加“实际施工过程中可能出现的增项,均应以消费者书面同意后方能施工,未经消费者同意的任何增项,消费者有权拒绝支付工程款”等类似字样,这样能有效避免施工过程中装修方随意增项的情况发生。

问 在施工过程中，装修方与消费者未明确约定增加的工程量价款的情况下，结算时双方就价款无法达成一致，在诉讼中如何处理该争议？

答 对于没有明确约定金额的新增施工项目，一旦产生争议而发生讼争，法院一般会根据争议双方的申请委托鉴定机构对增加的工程量及其造价进行鉴定，该鉴定机构出具鉴定意见后，法院会组织双方当事人发表质证意见，根据案件需要也可能会安排鉴定人员出庭接受质询，之后法院会综合其他证据对该鉴定意见作出采信与否的认定，进而确定消费者应支付的价款。

问 单方能否委托工程量及工程造价的鉴定？

答 根据最高人民法院《关于民事诉讼证据的若干规定》第 41 条的规定："对于一方当事人就专门性问题自行委托有关机构或者人员出具的意见，另一方当事人有证据或者理由足以反驳并申请鉴定的，人民法院应予准许。"从上述规定来看，法律不禁止当事人单方委托鉴定，但是如果对方有证据或理由足以反驳并申请鉴定的，法院应该准许，且会以法院的名义委托鉴定机构出具司法鉴定意见。因此，为了避免产生不必要的诉讼成本支出，建议在诉讼过程中，不要自行委托有关机构出具意见，而是通过法院委托鉴定机构的方式申请鉴定。

问 消费者签署合同及履约过程中,就工程质量问题需要注意哪些事项?

答 就质量条款的部分,需要注意以下几点:(1)明确约定材料标准,明确约定的产品或替代品的品牌、型号。(2)明确约定工程验收标准。(3)明确质保期限。消费者可参照住建部《住宅室内装饰装修管理办法》第32条规定明确质保期限即"在正常使用条件下,住宅室内装饰装修工程的最低保修期限为二年,有防水要求的厨房、卫生间和外墙面的防渗漏为五年。保修期自住宅室内装饰装修工程竣工验收合格之日起计算"。也可约定超过上述规定的质保期限。(4)增强维权意识。消费者尽量对施工的每一个环节和验收的结果进行拍照、摄像以保存证据,同时也需保存好投诉的材料、合同文本以及书面通知、微信、短信、电话录音等沟通文件。另外,在保修期内,应及时向装修方发出保修通知,要求予以修复,若是其不按保修条款进行保修,消费者保存相应的证据后也可以自行委托其他有资质单位修复并要求装修方承担相应的赔偿责任。

问 如何处理存在甲醛污染的装修纠纷?

答 法院对这类案件的审判思路主要如下:首先,审查明确讼争案件装修公司应达到的装修标准,如合同约定的标准、国家标准、行业标准等。其次,查明装修污染产生的原因,判断是否由装修方引起的。该举证责任主要在于消费者,消费者需要证明装修污染是装修方造成的。如消费者申请法院启动鉴定程序,根据鉴定意见主张装修质量不符合双方约定的标准。最后,依据合同及法律规定,确定装修方应承担的法律责任。

问 装修过程中,工期延长的责任承担主体?

答 在确定工期延长的责任承担主体之前,需先分析导致工期延长的原因。一般分为三类:第一类是消费者原因导致,比如,消费者未及时结清阶段性工程款或未及时验收导致工期延长,或者消费者改动装修方案、增项导致工期延长,或者消费者未及时购买工程材料导致工期延长。这三种情况下,消费者只能自行承担工期延长的相应后果。第二类是装修方的原因导致的延期,依照法律规定,对于因施工单位施工进度安排不合理、工程质量不达标、设计方案改动而导致工期延误的,消费者可按照施工合同约定要求施工单位向其支付相应的工期拖延违约金。如果没有违约金约定,可以主张实际损失。第三类是不可归因于装修方和消费者以外的原因造成的延期,比如,因为金砖会议政府要求停工或者自然灾害等。对于这类原因,在家庭装修的合同里面,工期一般都明确约定顺延,双方都不需要承担工期延误的违约责任。若合同没有明确约定该种情形是否可以顺延以及是否需要承担责任而发生争议,法院一般会从相关事件对合同履行的影响程度来综合判断工期能否顺延以及是否需要承担责任。

典型案例分析

案件名称：镇江新区某装饰经营部与陈某装饰装修合同纠纷案

案号：(2019)苏1191民初1369号

审理法院：镇江经济开发区人民法院

案例来源：中国裁判文书网

基本案情 原告、被告于2016年9月10日就被告所有的房屋签订《装饰装修工程施工合同书》，约定：工程造价实付总价款为128,000元；原告包工包全部材料；工程期限115天，自2016年9月19日至2017年1月10日；施工图纸必须双方签字后生效，原告按照项目工程预算书的项目施工；被告应按时缴纳施工费用，工程结束后，被告的搬迁视为认可原告的装修合格交付，被告应自觉缴纳尾款，除原告认可外，故意拖欠原告尾款的，原告按照尾款的10%/月向被告收取滞纳金；对施工质量存在异议的，被告有权申请鉴定。后，原告依约对涉案房屋进行室内装修，于2017年1月10日左右结束工程，装修总价为128,000元，被告于2017年2月春节前入住涉案房屋。被告在装修结束时已支付部分款项，尚欠7000元未付。审理中，被告称涉案房屋卫生间存在积水，卫生间、阳台等多处瓷砖已空，部分地方瓷砖有裂缝，且酒柜门、门、控制面板未安装到位等问题。原告称合同中约定被告搬迁入住就已视为合格应当付款,后期在质保期内如果出现问题原告提供售后服务,而此案已超出质保期收费服务,且被告所讲的问题并非质量问题。

法院观点 原告、被告双方签订的合同合法有效,双方应按合同约定履行义务。根据双方陈述,被告已于 2017 年 2 月搬入涉案房屋,可以说明原告已履行了合同约定的住宅装饰装修义务。根据合同约定,被告的搬迁视为认可原告的装修合格交付,被告应自觉支付尾款。被告所提出的卫生间积水、瓷砖空鼓、裂缝等问题,原告认为并非装修质量问题,且同意修复,被告已搬迁入住长达 2 年之久,被告并未提供证据证明涉案房屋的装饰质量存在重大瑕疵,被告应当按约支付剩余尾款。

裁判结果 被告陈某于本判决生效之日起 10 日内支付原告镇江新区某装饰经营部装修款 7000 元及违约金 400. 24 元。

律师分析 现实中,消费者在装修完成、实际入住后往往会发现一些质量问题,在面对装修公司催收工程尾款时,会以质量不合格为由进行抗辩,但是实践中往往因为没有经验或者缺乏证据意识导致不能很好地维护自身利益,相应的主张难以获得法院的支持。在装修完成后,消费者在面对质量缺陷时应当注意以下问题:

首先,装修工程完工后,消费者已经验收合格后再入住。结合本案以及其他类似案例,业主如果未经验收也未保存装修现场证据的情况下径直入住使用,很可能被视为房屋验收合格。若之后再主张装修存在质量问题,未经验收及入住的行为可能会在诉讼中给自身带来不利影响。同时,消费者也可以在合同中约定,装修公司在竣工验收前应履行验收通知的义务,以保护自身权益。

其次,在装修过程中注意保留质量缺陷的相关证据,装修是一个复杂且耗时的工程,一些质量问题容易被装修公司隐藏致使业主难以发现,消费者可以在装修的每一个环节结束验收时和发现问题后通过拍照、录像等方式及时保留证据,在纠纷发生时积极寻求第三方维权并保存维权的记录。

024

“双 11”《民法典》之如何保护你我身边的“运输合同”

FM99.6 厦门综合广播《新闻招手停》第 27 期

主持人：海蕾

主讲人：柳冰玲律师、蔡甄如律师

热点问题发现

1. 什么是运输合同？
2. 如何判断是否订立了运输合同？
3. 如何判断运输合同的类型？

常见问题解答

问 什么是运输合同？

答《民法典》第809条规定，运输合同是承运人将旅客或者货物从起运地点运输到约定地点，旅客、托运人或者收货人支付票款或者运输费用的合同。例如，一名乘客上午在广播电视大楼门口拦下一辆出租车，上车后，乘客对司机说："到厦门市思明区人民法院。"下车后，乘客向司机支付车费10元。这个过程乘客就与出租车司机订立了一份运输合同。《民法典》并未专门规定运输合同需采用书面形式，故运输合同的订立可采用较为简单、方便的方式，可以不用签字、盖章。生活中常见的运输合同形式多样，如口头订立、微信线上下单等，因而运输合同随处可见。

问 如何判断是否订立了运输合同？

答 运输合同定义中包含的主要的合同义务是识别具体类型运输合同的关键。

首先，第一项主合同义务是"运输旅客或者货物行为"。就运输行为而言，"运输"需要使用运载工具将旅客或者货物从起点运输到约定的终点，从而实现地理上的位移。而有些运输行为不使用运载工具或者位移对象不是旅客或者货物，则不属于典型运输合同法律规范所指的运输行为。例如，电信电话传送等未使用运载工具的运输即不属于运输合同。而从运输对象来看，货物运输一般适用于有价值、适合保管并且需要在运输人保管下运输的对象。例如,委托他人搬运物品并丢弃,虽然存在地理上的位移,但其运输对象并非有价值的货物、也无须受托人承担运输合同下的保管义务,故可能构成承揽或者雇佣等其他性质的合同。

其次,第二项主合同义务是“运费给付的行为”,是否支付运费也是判断是否构成运输合同的关键。例如,雇主让雇员运输货物,雇员因从事运输所得的报酬是工资而非运费,因此,雇主和雇员之间仍为雇佣关系而非另行成立运输合同关系。

问 如何判断运输合同的类型?

答 随着运输业的发展,运输合同的种类日益多元,存在四种分类标准区分不同的运输合同。第一,以运输对象为标准划分,运输合同分为旅客运输合同和货物运输合同。第二,以运输方式或者运输工具为标准划分,运输合同分为公路运输合同、铁路运输合同、航空运输合同、水路运输合同、海上运输合同以及管道运输合同等。第三,以承运人多少为标准划分,运输合同分为单一的运输合同、联合运输合同,单一的运输合同是指一个承运人运用一种运输方式进行运输,而联合运输合同是指多个承运人运用多种运输方式进行运输,例如,外地的快递发往厦门鼓浪屿,通常需要经过陆运、海运等多种运输方式才能到达,此时即产生联合运输合同。第四,以运输路线是否在一国之内为标准划分,运输合同划分为国内运输合同和国际运输合同。

问 为什么法律需要对运输合同作详细划分？

答 交通运输业作为我国的基础行业，关系到整个国家以及每一位公民的安全，因此国家制定大量法律、行政法规及部门规章，对铁路、水运、航空等运输资质和运输安全技术进行强制性规范。运输合同相关法律体系相当庞杂，例如《民用航空法》《国内水路运输管理条例》均规定从事相关运输实行经营许可证管理，以及《海上交通安全法》、《海商法》、我国参加或者缔结的有关国际条约和规则等规定对于各类运输合同的订立、效力与履行均有不同程度的影响。因此需要对运输合同进行细化分类，当确定运输合同的种类后，才能进一步确定法律适用。

问 运输合同纠纷的管辖法院如何确定？

答 关于因铁路、公路、水上、航空运输和联合运输合同纠纷提起的诉讼，《民事诉讼法》第 28 条明确规定由运输始发地、目的地或者被告住所地人民法院管辖。例如，“双 11”在网上购买一件衣服，运输合同始发地在杭州、目的地在厦门、运输公司的注册地在广州，则杭州、厦门、广州的法院都有管辖权。同时，因我国设有专门的海事法院及铁路运输法院，所以涉及海上运输、铁路运输的纠纷可以向海事法院、铁路运输法院提起诉讼。

典型案例分析

案件名称：王某珍、王某玲、王某恩、王某春诉福建省厦门公交集团某公共交通有限公司城市公交运输合同纠纷案

案号：(2010)厦民终字第1344号

审理法院：厦门市思明区人民法院

案例来源：中国裁判文书网

基本案情 王某定系四原告的父亲。2009年9月22日约17时，被告司机李某彪驾驶被告所有的闽d-y2×××号(4路)公交车自西往东方向行驶。当车行至大同路口公交车停靠站时，被告司机将车停稳后打开车门，此时乘客依次上车。当排在最后的王某定右手扶着车门正准备上车的过程中，突然仰面垂直倒地，后脑勺流血。被告司机李某彪见状，与公交车上其他乘客交谈以证明车辆未碰到王某定后，随即驾车离去。此后路人及时拨打“120”求助并报警。当日17时，经厦门市医疗急救中心现场确认王某定当场死亡，无抢救意义。厦门市鹭江派出所经查明后，认定王某定系意外死亡。另查明，王某定于1932年出生，其妻子黄某英已于2006年去世。王某定与黄某英生前共生育子女四人，即本案四原告。王某定死亡前患有较严重的肾病，已进行了长达1年多每周两次的

血液透析。

法院观点 公交车司机将车停稳并打开车门，乘客在手扶车门准备上车的过程中，突然因疾病倒地，头部流血，公交车司机随即驾车离开，而后乘客死亡。公交车司机停靠车辆并打开车门的行为属于向不特定乘客发出乘车要约，乘客准备上车即承诺，该过程属于双方缔结运输合同的准备过程，公交车司机作为承运人产生先合同义务，对乘客负有保护与救助义务。公交车司机违反先合同义务，导致乘客死亡，应对乘客承担相应赔偿责任。

裁判结果 被告福建省厦门公交集团某公共交通有限公司赔偿原告王某珍、王某玲、王某恩、王某春20,386.5元（王某定的死亡赔偿金119,740元、丧葬费16,170元，共计135,910元×15%）。

律师分析 第一，王某定和被告福建省厦门公交集团某公共交通有限公司之间的运输合同成立与否是讨论被告是否应当承担责任的前提。

根据当时仍然有效的《合同法》第293条的规定，“客运合同自承运人向旅客交付客票时成立，但当事人另有约定或者另有交易习惯的除外”。一般的客运合同以乘客交付车票作为合同成立要件，但城市公交车客运合同的成立区别于一般的客运合同，不会提前预售某班次车辆的车票，而是乘客先上车，再支付车费。因此，有观点认为，城市公交车客运是一种短途运输，应当以乘客登上公交车作为要约，承运人准其上车为承诺，合同自旅客登车时成立，[①]事实上，这种以承运人作为承诺方的理解也符合《合同法》第289条对从事公交服务的承运人所负有的强制缔约义务的规定。[②] 而本案中因王某定是在公交车停靠后，准备上车的过程中，突然仰面倒地并最终意外死亡，其并未“登上”公交车，即未提出要约，因此，王某定与福建省厦门公交集团某公共交通有限公司之间的客运合同尚未成立。

第二，关于在王某定与被告之间的运输合同并未成立的情况下，被告是否还需要承担赔偿责任的问题。

根据“无义务即无责任”的原则，首先需要考虑司机李某彪是否有救助王某定的义务。未成立运输合同并不意味着不存在需履行的《合同法》上的义务。《合同法》第42条[③]对双方当事人在订立合同过程中因未履行“先合同义务”产生的缔约过失责任进行了规定。所谓“先合同义务”，是指合同生效前缔约双方因缔结合同而应依法承担的彼此遵守

① 参见张代恩：《运输合同·保管合同·仓储合同》，中国法制出版社2000年版，第14页。

② 根据《合同法》第289条“从事公共运输的承运人不得拒绝旅客、托运人通常、合理的运输要求”的规定，从事公共运输的承运人的强制缔约义务应理解为强制承诺。

③ 《合同法》第42条规定，当事人在订立合同过程中有下列情形之一，给对方造成损失的，应当承担损害赔偿责任：(一)假借订立合同，恶意进行磋商；(二)故意隐瞒与订立合同有关的重要事实或者提供虚假情况；(三)有其他违背诚实信用原则的行为。

信用的一种合同附随义务。[1] 一般而言,先合同义务包括协助、通知、告知、保护、照管、保密、忠实等义务。本案中,虽然王某定与被告的运输合同并未成立,但双方已经进入合同缔约阶段,由此形成了在王某定倒地后产生的保护、救助等先合同义务。

违反了以上先合同义务需要承担的责任形态是缔约过失责任,《合同法》第42条该责任形态的产生规定了三个要件:缔约过程中存在过错、由于过错而导致了对方信赖利益的损失、缔约过错行为与利益损失之间存在因果关系。[2] 首先,关于被告在缔约过程中是否存在过错的问题,被告司机在王某定倒地后,怠于行使法定的保护和救助义务,违背了诚实信用原则,明显存在一定过错,同时考虑到本案事发时,王某定已年满77周岁且患有较严重的肾病、已进行了长达1年多每周两次的血液透析,可见其身体虚弱,但其出行却没有亲友陪同,而是独自一人乘车,况且当其右手扶着车门正准备上车时,其所要乘坐的公交车已经停稳,其仰面垂直倒地系其自身原因所致,因此王某定对该结果的发生也存在一定过错,双方根据各自过错程度承担责任。其次,因被告怠于行使保护救助义务的行为,也使王某定失去获救的可能性和最佳时机,损害了王某定的生命权,且二者之间存在因果关系。因此,被告符合产生缔约过失责任的三要件,其应当对王某定的死亡承担其过错范围内的赔偿责任。

---

① 参见姜淑明:《先合同义务二题》,载《河北法学》2000年第3期。
② 参见姜淑明:《先合同义务二题》,载《河北法学》2000年第3期。

025

技术合同其实并不“复杂”

FM99.6 厦门综合广播《新闻招手停》第 28 期

主持人：海蕾

主讲人：苏礼墩律师、王琼律师

热点问题发现

1. 技术合同和知识产权有什么联系？
2. 如果在技术研发过程中出现了无法克服的技术困难，最终导致研发失效，那相应的违约责任应由合同中哪一方承担？
3. 签订技术合同的企业能够享受什么税收优惠政策？

常见问题解答

问 技术合同和知识产权有什么联系？

答 从功能目的来看，技术合同与知识产权两种法律制度均是为了保护和促进科技创新。由于技术合同中都会与某项“技术成果”相关联,而技术成果本身往往会涉及一些知识产权权利,例如,合同中需要约定相应技术的专利申请权、专利权、软件著作权等是应当归甲方所有还是归乙方所有?权利是属于使用权还是属于所有权?这些都是技术合同中会涉及知识产权的内容。但有时技术合同交易并不以明确的知识产权为前提,且技术交易所涉及的技术形态并非知识产权制度能够完全覆盖的。

问《民法典》中对技术成果知识产权归属有相关的规定吗?

答《民法典》规定技术委托开发合同在没有约定的情况下,申请专利的权利属于研究开发人,研究开发人取得专利权的,委托人可以依法实施该专利。在技术合作开发合同中,由于双方当事人均从事了技术研发工作,因此新技术成果的专利申请权属于合作开发的双方当事人共有,若当事人一方转让其共有的专利申请权,其他各方享有以同等条件优先受让的权利,合作开发的当事人一方声明放弃其共有的专利申请权的,除当事人另有约定外,可以由另一方单独申请或者由其他各方共同申请。申请人取得专利权的,放弃专利申请权的一方可以免费实施该专利。但是,合作开发的当事人一方不同意申请专利的,另一方或者其他各方不得申请。

问如果在技术研发过程中出现了无法克服的技术困难,最终导致研发失败,那么相应的违约责任应由合同中哪一方承担?

答《民法典》第858条第1款规定,因出现无法克服的技术困难,致使研究开发失败或者部分失败的，该风险责任由当事人约定，没有约定或者约定不明的，依照本法第510条的规定仍不能确定的，风险责任由当事人合理分担。实践中面临的问题是，合同履行过程中是否出现了技术风险，即出现了无法克服的技术困难是比较难判断的。常规来说，技术风险的构成必须满足以下几个条件，一是研究开发人主观上尽了最大的努力；二是研究开发课题在现有技术水平下具有足够的难度；三是本领域的专家或者技术人员认为开发失败是合理的失败。对于这三个构成要件的判断，实践中非常困难。对于研究开发人员主观上是否尽了最大努力的问题，当事人能够提供给法院审查的证据材料主要是研究方在人力、物力和时间精力方面的投入情况，以及所完成的课题论证、设计图纸等。但究竟是否在主观上尽了最大努力，仍应由法官综合判断。对于研究开发失败是否属于合理的失败，主要应参考本领域专家的意见，具体到违约行为上，主要表现在认定某一行为究竟是属于技术风险还是属于违约行为、是适当履行还是不适当履行，均要符合技术合同所涉领域的科学规律。

问 公司与公司内部技术人员之间，关于技术成果的使用权和所有权会产生哪些争议？

答 技术成果所产生的权益包括财产权和人身权，财产权指的是技术成果的使用权和所有权；人身权指的是技术成果的署名权及取得荣誉奖励的权利。技术成果的人身权均归完成技术成果的个人所有，但财产权是归公司还是归完成技术成果的个人，需要区分该技术成果是职务技术成果还是非职务技术成果，根据《民法典》的规定，确认职务技术成果的标准有两条：一是执行法人或者非法人组织的工作任务；二是利用法人或者非法人组织的物质技术条件。如果是职务技术成果，则相应的技术成果使用权、转让权归公司所有。公司若预转让该职务技术成果，则职务技术成果的完成人享有以同等条件优先受让的权利。如果属于非职务技术成果，则相应的技术成果使用权、转让权属于完成技术成果的个人。

问 签订技术合同的企业能够享受什么税收优惠政策？

答 优惠政策包括：企业支付的技术价款、报酬、使用费或者佣金可以按照国家有关规定摊入成本；对从事技术转让，技术开发业务和与之相关的技术咨询，技术服务取得的技术交易额收入，免征增值税和所得税等。从事技术开发、技术转让、技术服务、技术咨询的企业，可在纯收入中提取一定比例经费作为相关技术人员的津贴和奖励，奖励金额均不计入单位奖金总额。经认定登记的技术合同交易额是高新技术企业资格年审复核、企业研发费用加计扣除和企业所得税减免的重要考核依据。技术合同由科技部采取“认定登记制度”，未申请和未予登记的技术合同，不得享受“税收、信贷和奖励等方面的优惠政策”。

典型案例分析

案件名称：钦州锐丰钒钛铁科技有限公司与北京航空航天大学技术合同纠纷案

案号：(2015)民三终字第8号

审理法院：最高人民法院

案例来源：中国裁判文书网/最高人民法院公报

基本案情 2010年钦州锐丰钒钛铁科技有限公司(以下简称钦州锐丰公司)认识了北京航空航天大学(以下简称北航)的一名教授，对其“钒钛磁铁砂矿综合利用技术”很感兴趣，因为据其介绍，该技术所实施的项目总投资需2.5亿元，总产值可达5.6亿元，利润为2.4亿元，建设周期仅为8个月，所用原料来自印度尼西亚滨海。同年双方签订《技术开发(委托)合同》及附件，对技术目标、技术内容、研究开发计划(项目进度、现场施工、培训等)、基本工艺及设备、经费支付等作了约定。中国有色金属工业协会于2008年、2012年分别出具了《科学技术成果鉴定证书》《工业化示范项目可行性研究评审意见》，对该项目予以认可，但2013年广西交通公司形成的《专家评审意见》对该项目的工业生产可行性提出了质疑。随后因项目进展不利，双方发生纠纷，钦州锐丰公司提起诉讼，以北航虚构技术产品及技术经济效益片区巨额技术开发经费构成欺诈为由，请求撤销该技术开发合同，立即返还已经支付的研发经费5796万元，并赔偿经济损失2.27亿元。

法院观点 最高人民法院受理此案后，针对争点问题主要有以下观点：(1)关于北航是否实施了欺诈行为的问题；(2)关于钦州锐丰公司是否因受欺诈而陷于错误判断，并在此基础上做出违背其真实意思表示的问题，最高人民法院认为，北航出具的《科学技术成果鉴定证书》，能够完整、真实地反映钒钛磁铁砂矿综合利用技术半工业试验阶段的情况，对其鉴定意见应予采纳。北航在涉案合同磋商阶段向香港锐丰公司、钦州锐丰公司提供了《科学技术成果鉴定证书》，即已完整告知了关于涉案钒钛磁铁砂矿综合利用技术半工业试验阶段的真实情况，其未对涉案技术在这一研发阶段的情况实施欺诈，且依据现有证据难以认定《科学技术成果鉴定证书》所载钒钛磁铁砂矿综合利用技术系虚假技术，鉴于北航完整告知了钒钛磁铁砂矿综合利用技术半工业试验阶段的真实情况，以及钒钛铁分离技术工业化示范项目的真实规划，因此，北航不构成对钦州锐丰公司的欺诈。技术开发活动具有阶段性，其结果具有不确定性。对于技术委托开发合同中委托方是否因受欺诈而陷于错误判断，并在此基础上做出违背其真实意思表示的认定，也应在充分尊重技术开发活动固有特性的前提下，综合考虑委托方对合同项目的认知能力、委托方的信息来源等因素，认定其是否陷于错误判断，以及其错误判断与受托方的欺诈行为是否具有因果关系。本案如前所述,北航并未对钦州锐丰公司实施欺诈,故本就不存在钦州锐丰公司因受欺诈而陷于错误判断,做出违背其真实意思表示的问题。更何况钦州锐丰公司理应明确知悉合同项下钒钛铁分离技术工业化示范项目一期工程的工艺和产品与《科学技术成果鉴定证书》所载半工业试验阶段的钒钛磁铁砂矿综合利用技术之间的区别,并在此基础上估算项目产值,核算项目成本,做出是否签订涉案合同的商业判断,因此,涉案合同不构成一方以欺诈的手段,使对方在违背真实意思的情况下订立的合同。

裁判结果 涉案合同不构成一方以欺诈的手段,使对方在违背真实意思的情况下订立的合同。钦州锐丰公司关于撤销其与北航签订的涉案合同的上诉请求不能成立,应予驳回;一审判决认定事实清楚,适用法律正确,应予维持。

律师分析 判断技术委托开发合同中受托方是否以欺诈的手段,使对方在违背真实意思的情况下订立合同,仍要结合前文所述的两个要件,即是否实施了欺诈行为,以及主张被欺诈的一方是否因欺诈而违背真实意思签订合同。在技术委托开发合同领域,须充分考虑技术开发活动本身具有阶段性,技术开发结果具有不确定性。因此,对于技术委托开发合同中受托方是否告知虚假情况或隐瞒真实情况的判断,必须尊重技术开发活动本身的特点和规律,区分技术开发的不同阶段,以合同签订之时的已知事实和受托方当时可以合理预知的情况作为判断其是否告知了虚假情况或隐瞒了真实情况的标准。

在技术委托开发合同中,技术研发成功后从实验室到工业化运用是一个艰巨的过程,即便是研发成功的技术在工业化转化过程出现一些问题也是正常现象,若在缺乏充分有效证据证明的情况下,不能因为相关技术在工业化过程中出现障碍就推导出该技术本身必然存在致命缺陷。因此,若没有足够有效证据证明受托方提供的技术存在致命缺陷,那么该情形便不属于影响合同效力的风险。

最高人民法院《关于审理技术合同纠纷案件适用法律若干问题的解释》第11条规定:“技术合同无效或者被撤销后,技术开发合同研究开发人、技术转让合同让与人、技术咨询合同和技术服务合同的受托人已经履行或者部分履行了约定的义务,并且造成合同无效或者被撤销的过错在对方的,对其已履行部分应当收取的研究开发经费、技术使用费、提供咨询服务的报酬,人民法院可以认定为因对方原因导致合同无效或者被撤销给其造成的损失。技术合同无效或者被撤销后,因履行合同所完成新的技术成果或者在他人技术成果基础上完成后续改进技术成果的权利归属和利益分享,当事人不能重新协议确定的,人民法院可以判决由完成技术成果的一方享有。”该规定系对技术合同撤销或无效后的法律后果的明确规定。

026

保管与仓储，有时不太靠谱的管家

FM99.6 厦门综合广播《新闻招手停》第 29 期

主持人：海蕾

主讲人：刘福来律师、郑进文律师

热点问题发现

1. 购物、就餐、住宿中的寄存行为能否成立保管合同关系？
2. 贵重物品丢失，保管人一定要照价赔偿吗？
3. 保管物毁损、灭失，保管人如何承担责任？
4. 保管合同与仓储合同有哪些区别？

常见问题解答

问 如何判断是否成立保管合同关系?

答 保管合同是指保管人保管寄存人交付的保管物,并返还该物的合同。保管合同为不要式合同,故不要求签订书面合同,但保管合同是一种实践合同,根据《民法典》第890条的规定:"保管合同自保管物交付时成立,但是当事人另有约定的除外",换言之,当寄存人和保管人主观上对保管物的保管达成一致意思表示时,保管合同关系还未成立,须待寄存人将保管物交付给保管人时,合同才成立。

问 什么是法定保管?

答 法定保管是指依据法律的直接规定,而不是基于当事人的约定而成立的保管合同。《民法典》第888条第2款规定:"寄存人到保管人处从事购物、就餐、住宿等活动,将物品存放在指定场所的,视为保管,但是当事人另有约定或者另有交易习惯的除外"。关于法定保管的适用条件,主要包括两个内容:第一,寄存人需要在保管人处从事购物、就餐、住宿等活动。对于是否要求有实际购物、就餐、住宿,《民法典》对此没有规定,一般认为也应当适用法定保管的规定。第二,寄存人将物品放在指定场所。之所以要放在指定场所,一是为了说明负有保管义务的人对寄存人的物品的保管有管理的意思表示;二是寄存人按照保管人的要求将物品存放在指定场所,即与保管人就保管物品的存放达成了合意。至于保管场所是在室外还是在室内，是有人看管还是自助寄存，在所不问。

问 有偿保管与无偿保管对保管人而言有什么影响？

答 保管合同的有偿与无偿将直接决定因保管人保管不善造成保管物毁损、灭失时，保管人应承担的责任。《民法典》第897条规定："保管期内，因保管人保管不善造成保管物毁损、灭失的，保管人应承担赔偿责任。但是，无偿保管人证明自己没有故意或者重大过失的，不承担赔偿责任"，换言之，无偿保管人不用对一般过失承担赔偿责任，而有偿保管人对一般过失要承担赔偿责任。在界定一般过失与重大过失时，通常认为，保管人至少应当尽到与处理自己事务相同的注意义务，否则构成一般过失，如果欠缺普通人的注意义务，则构成重大过失。在具体的案件中，要根据保管人应履行的义务及违反义务的程度来判断是一般过失、重大过失还是故意。

问 保管人的义务有哪些？

答 第一，妥善保管保管物的义务。当事人可以约定保管物的保管场所和方法。当事人对保管场所和方法没有约定的，保管人应当依据保管物的性质、合同目的及诚信原则，妥善保管保管物。如果当事人约定了保管物的保管场所或保管方法的，除紧急情况下或者为维护寄存人的利益外，不得擅自改变保管场所和方法。第二，亲自保管义务。寄存人往往是基于对保管人的信任才与保管人签订保管合同,所以保管人不得将保管物转交给第三人保管,否则造成保管物损失的,应当承担赔偿责任。第三,保管人不得使用或者允许第三人使用保管物的义务。第四,保管人返还保管物的义务。不论是否约定保管期限,寄存人都享有随时领取保管物的权利,保管人负有应寄存人的请求随时返还保管物的义务。该义务中包含了保管人负有返还保管物原物的义务,但若为消费保管,并非必须返还原物。

问 什么是消费保管?

答 消费保管也称为不规则保管,是指保管物为可替代物时,如果约定将保管物的所有权转移于保管人,则保管期限届满后由保管人以同种类、品质、数量的物返还的保管。消费保管和一般的保管不同。首先,消费保管的保管物必须是种类物,如货币为典型。所谓种类物就是没有被特定化的物,与之相对应的叫特定物,例如,一叠百元钞票为种类物,而一叠私人收集的连号百元钞票为特定物。其次,消费保管必须转移保管物所有权给保管人。这是消费保管可以用同种类、品质、数量的物返还的原因。在日常生活中,消费保管比较常见,如代他人领取征地补偿款、赔偿款等。

问 什么是寄存贵重物品的声明义务?

答 寄存人在寄存货币、有价证券或者其他贵重物品时应当向保管人声明，声明的内容包括保管物的种类、性质、价值、数量，然后由保管人验收后进行保管或者以封存的方式进行保管。若寄存人未声明保管物为贵重物品或者将贵重物品与一般物品一起交付给保管人，并未经保管人验收或者封存的，则贵重物品与一般物品一并毁损、灭失时，保管人只按照一般物品予以赔偿。

问 保管合同与仓储合同有哪些区别？

答 仓储合同是指保管人储存存货人交付的仓储物、存货人支付仓储费的合同。仓储合同一般涉及大宗货物的存储，是一种特殊的保管合同，具有保管合同的基础特征。但是，仓储合同作为商事保管合同又与一般的保管合同存在区别。第一，保管合同为实践合同，而仓储合同是诺成合同。所谓诺成就是仓储合同自保管人和存货人意思表示一致时成立。第二，在保管合同中，寄存人交付标的物的行为并非合同的义务。在而仓储合同中，存货人交付标的物的行为属于合同义务，存货人没有按照约定的保管期限交付保管物就构成违约。第三，保管合同在当事人没有约定或约定不明确的情况下一般为无偿合同。而仓储合同是有偿合同。第四，保管合同可以根据交易习惯不出具保管凭证。而仓储合同必须出具仓单，且仓单属于有价证券，可以用于转让和出质。除此之外，仓储合同的保管人还必须具有依法取得从事仓储保管业务的经营资格。仓储合同毕竟衍生于保管合同，故《民法典》第918条规定，仓储合同章节没有规定的，适用保管合同的规定。

典型案例分析

案件名称：林某与宁波某超市有限公司保管合同纠纷案

案号：(2021)浙0203民初5086号

审理法院：宁波市海曙区人民法院

案例来源：中国裁判文书网

基本案情 2021年1月31日，原告林某将其所有的宝马牌小型轿车停放在被告宁波某超市有限公司经营管理的高鑫广场三楼停车场时，被其他车辆刮擦，导致原告的车辆左前叶子板受损。因停车场内涉案位置的监控处于故障状态，导致无法查询到事故发生时的视频，无法查证肇事车辆的详细情况。原告为维修支出1400元修理费。高鑫广场停车场车辆出入口载明收费标准：进场时间3小时内不收费；超过3小时，按每小时3元计费；每日最高计费为20元。被告在停车场张贴《停车提示》，载明：本停车场仅提供停车场所，不提供保管和看护，请车主锁好车门、关好车窗，并携带好随身物品等。被告据此辩称：原告、被告之间形成的是场地租赁关系，而非保管合同关系，《停车提示》已告知不提供保管和看护。

法院观点 《民法典》第888条第2款规定："寄存人到保管人处从事购物、

就餐、住宿等活动,将物品存放在指定场所的,视为保管,但是当事人另有约定或者另有交易习惯的除外。”本案停车场是高鑫广场配套的停车场,原告等消费者来高鑫广场消费时将车辆停放在停车场内,符合保管合同的构成要件。被告虽张贴《停车提示》,但提示中关于不提供保管的内容系被告单方制定的格式条款,被告应采取合理的方式提示消费者注意免除或者减轻其责任等与消费者有重大利害关系的条款,未履行提示或者说明义务的,致使消费者没有注意或理解与其有重大利害关系的条款的,消费者可以主张该条款不成为合同的内容。被告并未使用足以引起注意的方式加以告知,作为行进中的车辆很难注意到上述文字提示,故法院认为上述不提供保管的内容不成为双方合同的内容,原告、被告之间形成事实保管合同关系,并非场地租赁关系。保管期内,因保管人保管不善造成保管物毁损、灭失的,保管人应当承担赔偿责任。本案中,因事故发生时,停车场内相关监控不能正常使用,导致未拍摄到事故发生的过程,致使原告无法向相关侵权人主张权利,被告作为停车场的管理方存在保管不善的行为,应承担赔偿责任。

裁判结果 被告宁波某超市有限公司于本判决生效之日起5日内向原告林某赔偿车辆维修费1400元。

律师分析 在《民法典》公布实施前,对于从事购物、就餐、住宿活动中提供的车辆停放服务是否成立保管合同关系,司法实践中存在不同的看法。

如广东省高级人民法院就认为,“宾馆为招揽顾客,免费给住宿的顾客提供车辆停放服务,不管是否出具保管凭证,均可认定保管合同关系成立”,①但也有法院认为,保管合同自保管物交付时成立,未交付车辆钥匙或者未出具保管凭证,则不成立保管合同关系,②成立的是租赁合同关系或借用关系。

对此,2021 年 1 月 1 日施行的《民法典》第 888 条第 2 款新增了法定保管的规定,“寄存人到保管人处从事购物、就餐、住宿等活动,将物品存放在指定场所的,视为保管,但是当事人另有约定或者另有交易习惯的除外”。根据该规定可知,法定保管的适用条件主要包括以下三点:第一,寄存人需要在保管人处从事购物、就餐、住宿等活动,至于最终是否有实际购物、就餐、住宿,一般认为在所不论。第二,寄存人将物品放在指定场所。之所以要放在指定场所,一是为了说明负有保管义务的人对寄存人的物品的保管有管理的意思表示;二是寄存人按照保管人的要求将物品存放在指定场所,即与保管人就保管物品的存放达成了合意。第三,就保管事宜,双方无其他约定或者交易习惯。只有同时满足以上三个条件,才能适用法定保管。

本案中的停车场系被告经营管理的高鑫广场配套的停车场,原告等

---

① 广东省高级人民法院《关于宾馆免费为顾客提供车辆停放服务不出具保管凭证是否应对车辆的丢失承担赔偿责任问题的批复》。

② (2020)湘 03 民终 411 号。

消费者来高鑫广场消费时将车辆停放在停车场内,符合法定保管的前两个构成要件。被告虽在张贴的《停车提示》中注明“本停车场仅提供停车场所,不提供保管和看护”,但未采取合理的方式提示消费者,不能成为合同内容,应视为双方就车辆停放服务无其他约定,故应适用法定保管的规定,双方成立保管合同关系。被告作为停车场的管理方存在保管不善的行为,应承担赔偿责任。

027

《民法典》时代委托合同知多少

FM99.6 厦门综合广播《新闻招手停》第30期

主持人：海蕾

主讲人：陈静律师、苏腾云律师

热点问题发现

1. 什么是委托合同？相比于其他常见合同，委托合同中委托人和受托人有哪些特别的权利和义务？

2. 委托合同可否任意解除？

3. 违约了如何救济？

常见问题解答

问 什么是委托合同？

答 《民法典》第919条对委托合同的定义："委托合同是

委托人和受托人约定,由受托人处理委托人事务的合同。”

从广义上讲,委托的范围十分宽泛,委托人委托受托人处理事务,都属于广义上的委托。在现代社会,委托型交易更是日益发达,劳动合同之外的劳务关系往往可纳入委托合同的范畴。比如《委托代理合同》《委托销售合同》《不动产委托管理合同》《委托投资协议》等,当然还有当事人与我们律师签订的《诉讼代理委托合同》是典型的委托合同。

问 委托事项的范围?

答 委托事务既包括事实行为,也包括法律行为。除以下事项外,委托人都可以委托受托人处理:(1)具有人身属性的法律行为或事实行为:如收养关系的建立或终止、婚姻关系的产生和消灭、立遗嘱、结婚等。(2)违法事项:如委托购买毒品、销售淫秽物品、委托代替参加考试等。(3)违背公序良俗事项:如委托代孕等。也就是刚才所说的这三类事项是不可以进行委托的。如果委托事项不合法,那么委托合同是无效的。

问 委托合同中委托人和受托人有哪些特别的权利和义务?

答 对于委托人而言,委托人应当预付处理委托事务的费用。同时委托人应当偿还受托人为处理委托事务垫付的必要费用并支付利息。注意,这里的费用并不是指支付给受托人的报酬,而是指受托人为处理委托事务所支出或垫付的正常花费,比如差旅费用、运输费用、仓储费用、交通费用、邮寄费用等。此外,委托人还有支付报酬的义务。

对于受托人而言,应当注意以下义务:一是遵守委托人指示的义务。二是亲自办理受托事务的义务。三是报告披露义务,受托人在履行委托事项中,应当按照委托人的请求,随时或者定期向委托人报告委托事务的处理情况,并且按要求提供必要的证明文件。四是转移利益的义务即转交委托事务所取得财产。受托人因处理委托事务所收取的金钱、物品及其孳息等利益和权利应当转交给委托人。另外受托人还应当对委托事务进行保密。

问 如果受托人没有完成委托事务,委托人是否还需要支付报酬?

答 需要。委托事务不以处理完毕为必要,因不可归责于受托人的事由导致委托合同解除或者委托事务不能完成的,委托人应当向受托人支付相应的报酬。就报酬支付而言,如果双方有约定,则应按照协议约定支付报酬;如果没有约定,则应按照完成委托事务的一定比例或者按照商业惯例支付报酬。

问 对于委托事项,受托人能否转委托给其他人处理?

答 原则上不可以。委托是基于一定的人身信任关系而产生的,委托合同的订立以委托人和受托人之间具有相互信任的关系为前提。正是基于这种高度人身性的信任关系,受托人应当亲自处理委托事务,原则上没有转委托的权利。只有在以下两种情况下例外:一是经委托人同意或者追认,受托人可以转委托给第三人,但是受托人仍对第三人的选任及其对第三人的指示承担责任;二是在紧急情况下受托人为了维护委托人的利益需要转委托第三人的。比如,受托人身患重病,无法亲自进行委托事项的处理。

问 委托人或者受托人能否随时解除合同?

答 可以。《民法典》规定委托合同中委托人和受托人均具有任意解除权,任意解除权是委托合同中的法定权利。但实践中,具有委托合同以外的因素的合同一般不认为有任意解除权。任意解除权只能适用于单纯的委托合同关系,换言之,如果合同中除了委托关系外还有其他法律关系,不是单纯的委托性质,则合同当事人不能行使任意解除权。

问 委托合同中,能否增加条款限制任意解除权?

答 委托合同中能否通过约定放弃或者说排除任意解除权在司法实践中属于比较具有争议的问题。一般认为,对于无偿委托合同由于双方之间的高度人身信赖,不能约定排除任意解除权。对于有偿委托合同而言,学界和司法判例中认为随着市场经济的发展和服务机构的专业化、职业化,有偿商业委托合同日益增多,因此有观点认为限制有偿委托合同的任意解除权有效。但根据最高人民法院编制的《民法典理解与适用》的观点,认为任意解除权不应做限制,而是通过加大赔偿责任的方式予以规制。类似的观点认为,限制委托合同解除权的条款应无效,但是需要加大解除方的赔偿责任,不仅限于直接损失,还包括继续履行合同的可得利益。通过这种方式来增加对方任意解除委托合同的成本。

问 在委托合同履行过程中,违约方应当承担何种赔偿责任?

答 赔偿责任涉及两个方面。首先是解除合同的赔偿责任。关于委托合同任意解除后的损失赔偿范围,由于原《合同法》第410条未明确具体范围,通常法院只判赔直接损失。本次《民法典》区分了有偿委托合同和无偿委托合同的赔偿责任。因解除合同造成对方损失的,除不可归责于该当事人的事由外,无偿委托合同的解除方应当赔偿因解除时间不当造成的直接损失,有偿委托合同的解除方应当赔偿对方的直接损失和合同履行后可以获得的利益。即对于无偿委托解除方仅需赔偿直接损失,有偿委托除了需要赔偿直接损失外还需赔偿可得利益损失,更好地保护了受损方的合法权益。部分委托合同中,受托人为了处理委托事务进行了大量的准备工作,甚至为此特别设立了公司,如果仅支持直接损失显然对受托人极不公平,还应该支持可得利益的赔偿。

其次是受托人的过错责任。有偿的委托合同,因受托人的过错造成委托人损失的,委托人可以请求赔偿损失。无偿的委托合同,因受托人的故意或者重大过失造成委托人损失的,委托人可以请求赔偿损失。对于无偿委托合同而言,赔偿门槛较高,因为受托人并无收取相应对价,只有在其故意或重大过失的情况下,才能苛求其承担过错赔偿责任。

问 订立委托合同需要注意哪些风险点?

答 对于委托合同而言,委托人最容易面临的是第三人追责的风险。委托合同系法律效果归属于委托人的合同,即受托人办理委托事务的风险与责任由委托人承担。

针对上述风险,在签订委托合同时,首先,要注意的是对受托人进行主体资格审查,尤其是在受托人需要具备专业资质或经营资格才能行使受托事务的领域,如强制性产品认定、进出口代理、律师诉讼代理等。如果受托人不具备相应资质,可能会导致合同目的不能实现,甚至合同无效。因此委托人还应审查受托人的履约能力和资质,同时在合同中约定受托人承诺具备资质,并将资质复印件作为合同附件,由受托人签署确认其真实性。

其次,在订立合同时,也要注意合同名称。由于委托合同十分宽泛,实践中很多人将委托他人劳务行为均约定为委托合同,导致任意解除和第三人追责的风险。因此,在能明确合同性质的情况下,尽量用具体的合同名称如承揽合同、中介合同、运输合同等来命名。如无法确定合同性质,也可以用某某服务合同来命名,避免被认定为委托合同面临被任意解除的风险。

最后,建议对具体的委托事项以及委托事项的范围、授权范围等进行明确约定,受托人通常以委托人名义处理委托事务,因此应注意授权范围。若授权不明,委托人可能面临向第三人担责、承担额外费用等风险。建议对具体的委托事项以及委托事项的范围、授权范围等进行明确约定,避免双方在履行合同的过程中就相关责任产生互相推诿的情形。

典型案例分析

案件名称:三亚天长实业有限公司与海南中宇行房地产投资顾问有限公司商品房委托代理销售合同纠纷案

案号:(2013)民申字第1413号

审理法院:最高人民法院

案例来源:中国裁判文书网

基本案情 周某均、周某达与王某琼签订《委托书》,约定其全权委托王某琼代为办理AA路房屋抵押、出租、出售等手续。因债务到期,周某均、周某达应抵押权人孙某的要求,委托王某琼代为出售房屋。在上海BB房地产经纪事务所的居间下,王某琼与薛某某于2012年2月2日签订房屋买卖合同,以孙某决定价格出售。王某琼以近低于市场销售价一半的价格低价出售,周某均、周某达认为王某琼的代理行为造成了其损失,故诉至法院。

法院观点 本案中,王某琼认可在出售AA路房屋时是应了债权人孙某的要求，而未征询委托人周某均、周某达的意见。事实上王某琼作为受托人在出售该房屋时也仅注重孙某的债权实现，完全无视委托人周某均、周某达的利益，以超低价进行出售。虽然周某均、周某达签署了《委托书》和《委托书风险声明书》，但此也仅是赋予受托人行使权利的范围及表明委托人愿意承担一定的风险，并不能以此为据成为受托人可以有违法律规定、恣意实施严重侵害委托人财产利益的借口。因此，王某琼作为委托合同的受托人，过错显见。周某均、周某达据此要求王某琼承担相应的赔偿责任，有一定的依据与理由。原审法院考虑到周某均、周某达在本次事件中自身不守信、防范风险意识缺失的过错，也充分考虑了房屋买受人已自愿补偿部分房款的事实，判令王某琼按评估价酌情赔偿周某均、周某达经济损失，于法无悖，无明显不当。

裁判结果 王某琼于判决生效之日起 10 日内赔偿周某均、周某达 100,000元。

律师分析 委托合同系委托人与受托人之间订立合同关系，由受托人代为办理委托事务，委托人支付约定报酬或不支付报酬的合同。“受人之托，忠人之事。”由于社会分工的发展，事必躬亲必然不是最优解，民事主体需要通过委托合同，委托他人处理各项事务。委托合同成为民商事领域中扩展意思自治、弥补意思自治主体能力不足的重要方法。因此我们也常说委托合同是“民事主体手脚的延伸”。委托合同是在委托人和受托人互相信任的基础上订立的,基于这种信任,受托人负有按照委托人的指示处理委托事务的义务。

《民法典》第929条第1款规定,有偿的委托合同,因受托人的过错造成委托人损失的,委托人可以请求赔偿损失。无偿的委托合同,因受托人的故意或者重大过失造成委托人损失的,委托人可以请求赔偿损失。

本案中,受托人未经委托人认可,擅自决定房屋出售价格并且以低价出售,客观上对委托人造成了实际损失。且受托人系听从第三方的指示进行低价出售,主观上具有造成委托人损失的故意。故即便委托关系为无偿的,委托人也有权依据《民法典》第929条的规定主张损害赔偿。受托人并不能因其系无偿委托而推卸应承担的法律责任。

028

“合伙”里有大学问

FM99.6 厦门综合广播《新闻招手停》第31期

主持人:海蕾

主讲人:方凡佳律师、潘致强律师

热点问题发现

1. 合伙人可以因为执行合伙事务要求支付报酬吗?
2. 合伙人的债权人是否可以代为行使合伙人对合伙企业的权利?
3. 如何区分合伙合同与借款/租赁/劳动合同?
4. 互联网背景下的新型合伙模式。
5. 合伙合同终止/合伙企业清算问题。

常见问题解答

问 合伙人可以因为执行合伙事务要求支付报酬吗?

答《民法典》第971条规定:“合伙人不得因执行合伙事务而请求支付报酬,但是合伙合同另有约定的除外。”该条之所以这样约定,是因为合伙人既是合伙事业的投资人,也是经营者,合伙人执行合伙事务也就是在处理自己的事务。合伙人应当共同执行合伙事务,处理合伙事务也是其作为合伙人应尽的义务。因此,原则上合伙人不得以执行合伙事务为由请求支付报酬。但是合伙合同可以约定,在委托部分合伙人执行合伙事务的情况下,对执行合伙事务的合伙人给予报酬和奖励,这样可以提高部分合伙人执行事务的积极性,也兼具了公平。

问 合伙人的债权人是否可以代为行使合伙人对合伙企业的权利?

答《民法典》第975条规定:“合伙人的债权人不得代位行使合伙人依照本章规定和合伙合同享有的权利,但是合伙人享有的利益分配请求权除外。”代位权是指债权人以自己的名义代替债务人行使债务人对相对人的权利。代位权行使的前提之一是,债务人对第三人享有财产权利。合伙本身具有很强的人合性,因此合伙中的表决权、执行权、监督权等具备人身属性的权利,债权人无法代位取得;那么代位权所针对的财产性权利为什么仅限于利益分配权?这是因为合伙人投入的合伙财产是合伙经营必备的条件,如果允许债权人代位取得,势必对合伙经营产生不利影响。而利益分配权并不影响合伙的人合性和组织性，也不减少合伙财产，对合伙经营来说并无不利。

问 如何区分合伙合同与借款/租赁/劳动合同？

答 我们从这几类合同的含义就可以区分。合伙合同是两个以上合伙人为了共同的事业目的订立的共享利益、共担风险的协议。借贷法律关系体现在一方仅提供资金并收取固定回报，却不承担经营风险。租赁关系表现为一方提供特定物品后并不参与合伙经营，不参加分红也不承担风险，仅仅依靠物品使用权在一定期限内的让渡取得固定收入。劳动关系则具有鲜明的人身、组织和经济上的从属性，要遵守用人单位的规章制度，按固定标准计算和领取工资。

问 "网店"由合伙人共同经营，但仅登记在个人名下，是否仍属于合伙关系？

答 互联网背景下涌现出了各式新型合伙模式。以 2019 年上海某法院审理的一个案件为例，法院认为，微信公众号的注册登记系平台管理所需，不影响在合伙法律关系下依法对作为合伙财产的公众号的归属认定。涉案公众号承载了合伙经营积累的财产，即便仅注册在一方名下，但其使用收益等财产权利应归全体合伙人共有。因此面对此类情形，律师建议先签署合伙合同，把合伙相关事项落在纸面，以避免不必要的纠纷。

问 法律关于合伙企业退伙有哪些规定?

答 考虑退伙时,律师建议大家在合伙合同中区分两种情形进行设计,也就是根据退伙的原因区分为有责退伙和无责退伙。[①] 无责退伙是指合伙人因客观原因不得不退出合伙事业的情况,比如合伙人生病、死亡、丧失行为能力或者其他不便继续参与合伙经营等情况。有责退伙是在合伙人侵害了合伙利益的时候,根据法律规定或者相关约定将其清退的情况,法律上也叫强制退伙或除名退伙。《合伙企业法》第 49 条第 1 款规定,合伙人有下列情形之一的,经其他合伙人一致同意,可以决议将其除名:(1)未履行出资义务;(2)因故意或者重大过失给合伙企业造成损失;(3)执行合伙事务时有不正当行为;(4)发生合伙协议约定的事由。

问 合伙企业中的解散和清算的情形?

答 《合伙企业法》第 85 条规定,合伙企业有下列情形之一的,应当解散:(1)合伙期限届满,合伙人决定不再经营;(2)合伙协议约定的解散事由出现;(3)全体合伙人决定解散;(4)合伙人已不具备法定人数满 30 天;(5)合伙协议约定的合伙目的已经实现或者无法实现;(6)依法被吊销营业执照、责令关闭或者被撤销;(7)法律、行政法规规定的其他原因。第 86 条第 1 款规定,合伙企业解散,应当由清算人进行清算。简言

---

① 说明:这个分类既不是法律上的分类,也不是学理上的分类,是律师基于实务经验总结而出的。

之，先发生解散事由，然后组织清算，最后才真正解散。律师归纳此环节中的难点问题如下：

1. 在只有两人的合伙关系中，一人的退出并不必然导致合伙企业的解散。

2. 清算阶段合伙关系并未完全消灭。合伙人在清算未完结、尚无法确定盈亏分担的情况下，无权直接要求返还出资。

3. 举证责任分配是解决清算僵局的重要手段。对于掌握更多合伙财务信息与经营信息的合伙人，以及有能力防止或减少损害发生的人，由其负担主要的举证责任，更符合公平正义原则。

典型案例分析

案件名称：李某宽、孙某武与赵某敏、唐山市益新饲料有限公司合伙协议纠纷案

案号：(2019)冀0224民初2018号

审理法院：滦南县人民法院

案例来源：中国裁判文书网

基本案情 被告赵某敏在2001年4月29日设立一家个人独资企业，企业名称为唐山市益新饲料厂，二原告与被告赵某敏协商后决定二原告

入股唐山市益新饲料厂。原告李某宽先后两次共实缴入股款150万元，原告孙某武先后三次共实缴入股款150万元。2014年6月5日益新饲料厂注销，并于2016年10月11日核准成立益新公司（自然人独资），营业期限自2014年6月5日至2044年6月4日。现二原告请求返还入股资金。

法院观点 原告、被告对二原告各向唐山市益新饲料厂投资150万元的事实均无异议，应认定二原告与被告赵某敏之间存在合伙关系，本案双方争议的焦点在于二原告主张返还入股款是否有法律依据。二原告在入伙时，双方并未就盈余分配、退伙、合伙终止等事项订立书面协议，合伙后实际进行了多年经营，在无证据证明对合伙财产进行过清算的情况下，无法认定现有合伙财产情况及各自应分得份额，故二原告要求二被告返还入股资金的诉讼请求，理据不足，本院不予支持。

裁判结果 驳回原告李某宽、孙某武的诉讼请求。案件受理费30,800元由二原告负担。

律师分析 本案焦点在于合伙企业存续期间，合伙人是否能够要求返还入股资金并退伙。

契约精神是合同法的一个重要理念。各合伙人之间基于信任组成合伙企业，在未约定退伙事由的情况下，合伙人要求退还入股资金的行为有违诚实信用原则。但从另一方面说,合伙人要求退伙也是极有可能发生的,应当保护当事人的意思自治。因此,如何解决二者之间的冲突就成为理论界和实务界的一大难题。

理论上有两种观点。第一种观点认为,在合伙企业退伙纠纷中,只有当合伙协议约定的合伙期限届满,或出现约定的退伙事由时,其他合伙人才应当与退伙人进行清算。也只有经过清算,才能确定各方的投资情况、企业经营盈亏、财产状况和各自享有的权利义务状况。因此,在未约定退伙的情况下,法院不应当主动审查企业是否符合清算条件或对企业进行清算。

第二种观点认为,合伙企业的核心是合伙人具有相应的权利,合伙人之间达成意思一致。基于合伙企业的人合性,当合伙企业中的合伙人不能享有相应的权利,或者与其他合伙人难以达成一致意见时,可以退伙。若存在尚未处理的债权债务,可由合伙人协商解决。协商不成,则另案处理。

大陆法系将合伙分为商事合伙和民事合伙。商事合伙更注重合伙的团体性,将合伙视为当事人之间基于合伙合同而成立的享有特定权利、义务的组织体;而民事合伙则将合伙视为一种当事人间的合同关系。在掌握合伙的性质时,应当充分认识到其具有双重属性的特点,不能仅理解为合伙就是民事合伙。因此,上述第二种观点实际上并未充分认识到合伙的团体性,只关注到合伙人之间的合约关系。如果直接判令其他合伙人退还入股资金或出资，将未清算的债权债务另案处理，并未考虑到合伙人对合伙债务还需要承担无限连带责任，直接退伙实际上不利于债权人利益的保护。

为维持企业的正常发展，在未达到合伙人约定的退伙条件或法定条件下，合伙人向人民法院起诉要求判令其他合伙人或合伙企业退还出资时，人民法院不宜主动审查企业是否符合清算的条件，故法院驳回了原告的诉请。

029

房产中介的那些事儿

FM99.6 厦门综合广播《新闻招手停》第 32 期

主持人：海蕾

主讲人：柳冰玲律师、蔡甄如律师

热点问题发现

1. 什么是中介合同？
2. 房产中介的忠实报告义务是什么？
3. “跳单”是否可以规避中介费？

常见问题解答

问 什么是中介合同？

答 《民法典》第 961 条规定：“中介合同是中介人向委托

人报告订立合同的机会或者提供订立合同的媒介服务,委托人支付报酬的合同。”根据该规定,房产中介存在报告中介及媒介中介两种服务方式:一是报告订立合同机会的“报告中介”,是指中介人接受委托后,将收集的信息报告给委托人,从而提供订立合同的机会。二是提供订立合同媒介的“媒介中介”,是指中介人接受委托后,不仅要报告订约机会,还要居中斡旋,代为传达委托人与第三人的意思。

问 房产中介的忠实报告义务是什么?

答《民法典》第 962 条规定:“中介人应当就有关订立合同的事项向委托人如实报告。中介人故意隐瞒与订立合同有关的重要事实或者提供虚假情况,损害委托人利益的,不得请求支付报酬并应当承担赔偿责任。”例如,中介公司为买房人小宋与卖房人老魏提供中介服务,根据中介公司和小宋签订的中介合同的约定,小宋应支付中介费 5 万元,但小宋至今仍未支付,因此中介公司起诉至法院,要求小宋支付中介费 5 万元及相应的违约金。小宋认为,中介公司在提供中介服务时并未告知案涉房屋曾发生过火灾的信息,小宋发现房屋存在该情况后只能与老魏协商解除房屋买卖合同。因此,小宋不同意向中介公司支付 5 万元的中介费。法庭经审理后认为,房屋是否发生过火灾会影响房屋的主体质量、电路安全等,势必影响买房人的选择意愿,也即“房屋发生过火灾”的情况属于与订立合同有关的重要事实。因此,中介公司在向小宋提供中介服务时,应将该重要事实如实向小宋披露。在现有证据无法证明中介公司已将该情况如实告知小宋的情况下，法院认定中介公司要求小宋支付中介费和违约金的诉讼请求无事实和法律依据，依法不应予以支持。

问 还有哪些情况属于“与订立合同有关的重要事实”？

答 例如，中介小王受买房人小宋的委托，向小宋介绍老魏的房子，小宋经过多次看房，正准备与老魏签订合同、办理房子过户时，发现该房子的所有权人并非老魏，最终双方交易失败。该案中，房屋的所有权归属就是一个与订立房屋买卖合同相关的重要事实，中介小王在交易的过程中应主动核查房屋的所有权证并将相关情况如实向小宋披露，因小王并未尽到忠实报告义务，故本案中小宋无须向小王支付中介费。综上，与订立房屋买卖合同相关的重要事实一般包括房屋的权属信息、房屋的周边环境、房屋上登记的户口情况等，而对于特定用途的房产而言，是否发生过凶杀案、是否属于“凶宅”等特殊情况也是“与订立合同有关的重要事实”。

问 买房人如何避免在购房时“踩雷”？

答 首先，买房人应主动询问以上列举的有关订立合同的重要事实，实地看房，了解周边环境，在买卖开始阶段就尽可能地排除不靠谱的房源；其次，买房人应妥善保存询问沟通的聊天记录，确保所购房屋一旦出现问题时能够充分举证，维护自身的合法权益；最后，一旦出现房源问题，买房人应及时联系中介公司核实并协商解决，协商不成的，应及时利用法律途径保护自身的合法权益。

问 什么是房屋中介领域的"跳单"行为?

答 "跳单"行为是《民法典》新规定的一个问题。《民法典》第965条规定:"委托人在接受中介人的服务后,利用中介人提供的交易机会或者媒介服务,绕开中介人直接订立合同的,应当向中介人支付报酬。"这一规定也是基于诚信原则及诚信交易的考虑。现实生活中,"跳单"行为有多种表现形式,例如,委托人将中介提供的信息透露给亲朋好友,以亲朋好友的名义和相对人签订合同,以达到绕开中介的目的。例如,委托人通过某一中介公司提供的信息和中介服务,合同已基本达成。此时,因其他中介公司索要的中介费更低,委托人转而通过其他中介公司与合同相对方订立合同。以上情况,均为"跳单"行为。

典型案例分析

案件名称:上海某物业顾问有限公司诉陶某居间合同纠纷案

案号:(2009)沪二中民二(民)终字第1508号

审理法院:上海市第二中级人民法院

案例来源:中国裁判文书网

基本案情 2008年下半年,原产权人李某到多家房屋中介公司挂牌销售涉案房屋。2008年10月22日,上海某房地产经纪有限公司带陶某看了该房屋;11月23日,上海某房地产顾问有限公司(以下简称某房地产顾问公司)带陶某之妻曹某看了该房屋;11月27日,上海某物业顾问有限公司带陶某看了该房屋,并于同日与陶某签订了《房地产求购确认书》。该确认书第2.4条约定,陶某在验看过该房地产后6个月内,陶某或其委托人、代理人、代表人、承办人等与陶某有关联的人,利用上海某物业顾问有限公司提供的信息、机会等条件但未通过上海某物业顾问有限公司而与第三方达成买卖交易的,陶某应按照与出卖方就该房地产买卖达成的实际成交价的1%,向上海某物业顾问有限公司支付违约金。当时上海某物业顾问有限公司对该房屋报价165万元,而某房地产顾问公司报价145万元,并积极与卖方协商价格。11月30日,在某房地产顾问公司居间下,陶某与卖方签订了房屋买卖合同,成交价138万元。后买卖双方办理了过户手续,陶某向某房地产顾问公司支付佣金1.38万元。

法院观点 房屋买卖居间合同中关于禁止买方利用中介公司提供的房源信息却绕开该中介公司与卖方签订房屋买卖合同的约定合法有效。但是,当卖方将同一房屋通过多个中介公司挂牌出售时,买方通过其他公众可以获知的正当途径获得相同房源信息的,买方有权选择报价低、服务好的中介公司促成房屋买卖合同成立,其行为并没有利用先前与之签约中介公司的房源信息,故不构成违约。

裁判结果 上海某物业顾问有限公司要求陶某支付违约金1.65万元的诉讼请求,不予支持。

律师分析 本案中上海某物业顾问有限公司是否能依据其与陶某签订的《房地产求购确认书》的约定要求陶某支付违约金,需要考虑两方面的问题,首先是《房地产求购确认书》的效力问题,合同是否生效是认定陶某是否需要承担违约金的前提条件;其次是陶某是否有《房地产求购确认书》约定的违约行为,陶某是否有不当的"跳单"行为是认定陶某是否需要承担违约金的具体条件。

一、关于案涉《房地产求购确认书》的效力问题

根据《民法典》第143条的规定,双方当事人具有相应的民事行为能力、意思表示真实、合同的内容不违反法律、行政法规的强制性规定、不违背公序良俗的,合同有效。本案中,上海某物业顾问有限公司与陶某均具为完全民事行为能力人,签订《房地产求购确认书》系双方真实意思表示,且合同内容亦未违背公序良俗,故若该合同符合"合同的内容不违反法律、行政法规的强制性规定",则合同有效。从形式上看,《房地产求购确认书》中约定的禁止跳单条款是房产中介机构为重复使用而预先拟定,并在订立合同时未与合同相对人协商的条款,根据《民法典》第

496 条的规定，属于格式条款。但格式条款并非当然无效，根据《民法典》第 497 条的规定，若提供格式条款一方并未不合理地免除或者减轻其责任、加重对方责任、限制或排除对方主要权利，则不属于导致合同格式条款无效的情形，该格式条款对合同当事人而言就具有法律约束力。事实上，因存在委托人通过中介机构的服务找准房源后，通过其他中介机构或直接与房屋所有权人完成交易而达到逃避或减少居间费用的"跳单"行为，中介机构为了保护自己的合法权益而设计了禁止跳单条款，并不存在以上导致格式条款无效的情形，应当认定双方签订的《房地产求购确认书》合法有效。

二、关于被告是否存在违约行为的问题

认定委托人存在"跳单"行为存在四个要素：①有效地禁止"跳单"条款、房产中介公司提供了居间服务、委托人在看房后的合理期限内"跳单"、委托人"跳单"时是恶意的。结合以上四个要件分析本案陶某是否构成"跳单"行为：首先，关于跳单条款的效力已经在上文说明，不再赘述；其次，本案的房产中介上海某物业顾问有限公司提供了居间服务也是无争议事实；而"跳单"行为约束的合理期限，本案《房地产求购确认书》明确约定了 6 个月，从本案事实来看陶某的"跳单"行为确实发生在看房后的 6 个月内；因此，陶某是否存在违约行为应重点分析其"跳单"

---

① 参见彭科科：《浅谈房产中介公司应对"跳单"的法律风险防范——上海中原物业顾问有限公司诉陶德华居间合同纠纷案分析》，载《法制与经济》（下旬）2013 年第 5 期。

时是否是恶意的。陶某当时作出“跳单”行为是否抱有恶意我们如今已经无从考究，但可以通过当时客观存在的事实及具体行为来推断其主观心理，本案中，原产权人通过多家中介公司挂牌出售同一房屋，陶某及其家人分别通过不同的中介公司了解到同一房源信息，并通过其他中介公司促成了房屋买卖合同成立，而且其他中介公司报价低、服务好，陶某综合考虑选择了该中介公司，而不是基于避免支付或者少支付中介报酬的故意心理，因此可以认定陶某并不存在违反禁止跳单条款的违约行为。

030

走出建设工程施工合同的“迷宫”

FM99.6 厦门综合广播《新闻招手停》第33期

主持人：海蕾

主讲人：苏礼墩律师、吴茹兰律师

热点问题发现

1. 建设工程施工合同的特点是什么？
2. 签订建设工程施工合同有哪些注意事项？
3. 施工合同结算有哪些注意事项？
4. 施工合同履行过程有哪些风险需要注意防范？

常见问题解答

问 建设工程施工合同的主要特点是什么？

答 建设工程施工合同主要特点如下：

1. 合同履行周期长。建设工程施工合同的履行周期一般较长，且在工程的施工过程中，还可能因为不可抗力、工程变更、材料供应不及时等原因而导致工期顺延等，导致施工合同履行期限通常长于约定的合同工期。

2. 合同内容的多样性和复杂性。施工合同涉及的法律关系包括承发包关系、买卖关系、劳动关系、保险关系和运输关系等，内容还涉及安全文明施工、工程分包、不可抗力、工程变更以及材料设备的供应、运输、验收等，具有多样性和复杂性。

3. 合同签订及履行过程受到严格监管。我国制定了如《建筑法》《招标投标法》《建设工程质量管理条例》等一系列的法律、行政法规规章及规范性文件对施工合同进行严格地监督。

4. 合同履行过程中纠纷的多发性。由于建筑市场实行的先定价后成交的"期货式"交易特性，再加上目前建筑市场交易主体市场地位严重不平等，导致施工合同存在责、权、利不平衡的情形，使施工承包方在市场交易中处于明显的弱势和不利地位，也决定了建筑行业的高风险性。

问 签订建设工程施工合同有哪些注意事项？

答 施工合同的条款中关于工程范围、建设工期、工程质量、工程价款等实质性内容为重中之重，需要以严谨的表述加以约定。合同双方就应争取使用示范合同文本，同时在专用条款中对通用条款相关事项做出选择、细化、调整，保持通过条款、专用条款序号的一致性。

以建设工期为例，比如，合同中约定应明确开工时间、竣工时间、工期；由于发包人存在如未能及时办理施工许可证、现场不具备施工条件等原因时，工期是否可以顺延；再如，在工期逾期的情况下，施工单位如何承担工期违约责任，工期逾期违约金是否有上限等，都需要在施工合同中约定明确，以避免双方产生争议时无合同约定可以适用的情况。

问 施工合同无效时，工程款如何结算？

答 根据相关司法解释，施工合同无效在结算时分为三种情况进行处理：一是建设工程经验收合格的，可以参照合同关于工程价款的约定折价补偿承包人；二是建设工程经验收不合格的，但是经过修复后的建设工程经验收合格的，发包人结算给承包人的费用可以扣除承包人应当承担的修复费用；三是修复后的建设工程经验收不合格的，承包人无权请求参照合同关于工程价款的约定折价补偿，但是，发包人对因建设工程不合格造成的损失也有过错的，应根据其过错承担相应的责任。例如，发包人提供有瑕疵的设计、不合格的材料等，在具体案件中人民法院将根据发包人的过错程度判定其责任承担。

问 合法有效的施工合同结算时有哪些注意事项？

答 工程价款结算程序在施工合同通用条款中已有列明，发包人、承包人双方可以在专用条款部分另外作出约定。施工企业需要严格按照合同约定编制完整的竣工结算资料，结算资料应准确、翔实、全面，能完整记录、反映、证明整个工程造价发生内容，并编制相应目录、装订成册，让建设单位做好签收记录。签收记录需要能证明竣工结算资料的内容，施工企业保存好签收记录。承包人如果未按照合同约定及时提交竣工结算报告及完整的竣工结算资料，将导致竣工结算被拖延，施工企业无法主张逾期提交竣工结算报告期间的工程款利息及逾期付款违约金。

问 施工过程材料收集有哪些注意事项？

答 例如，很多建设单位为了加快项目的推进，往往在手续不完备的情况下，就与施工单位签订建设工程施工合同，要求施工单位提前进场施工。在手续不完备的情况下进场施工，施工单位不仅可能被有关行政主管机关处以行政处罚；发生质量、安全事故，还可能被追究刑事责任；甚者，如项目最终无法取得审批手续而被迫搁置，将给施工企业带来无可挽回的经济损失。针对这种情况，施工单位应该首先督促发包人尽快办理有关许可证书，并保留相关的书面证据，待条件具备后进场；施工单位对提前进场的事宜应尽量与发包人签订协议，争取赢得有利条件。

例如，发生设计变更等情形的，应尽量要求发包人采取签发设计变更单、工程联系单等签证方式，在取得上述签证后再进行相应的施工，如无法获得发包人签发的上述签证的，应填写签证单要求发包人确认；对于已经发生的未签证就施工的情形，应当补签证，签证的内容既要有价款请求，还要有工期请求。无法补签的，应当采取发函、积极协商并制作会议纪要等方式保留相应凭证。施工单位应在施工过程中积极创造条件保留书面证据,以避免因设计变更时增加的工程量、材料费、工期延误违约金以及施工企业产生窝工损失得不到赔偿的风险。

问 签证和索赔的联系与区别?

答 签证是合同履行中双方对质量变化、设计变更、工期增减、价款调整等事实意思一致而达成的协议。索赔通常是指在工程合同履行过程中,合同当事人一方因对方不履行或未能正确履行合同或者由于其他非自身因素而受到经济损失或权利损害,通过合同规定的程序向对方提出经济或时间补偿要求的行为。签证与索赔的本质区别在于双方是否达成合意,签证是确认变更事实,旨在固定证据,为索赔成功奠定基础;索赔是主张权利行为,靠签证单等证据支持。签证贯穿合同始终,是"面"上工作,故要勤签证;索赔是发生争议时行使权利行为,是"点"上工作,故要精索赔。

需要注意的是,施工单位如果决定提出签证及索赔亦要注意签证与索赔的期限和程序。以《建设工程施工合同(示范文本)》(2017 版)为例:承包人应在知道或应当知道索赔事件发生后 28 日内向工程师提出延长工期和补偿损失的索赔报告及有关资料。承包人未在前述 28 日内发出索赔意向通知书的,丧失要求追加付款和(或)延长工期的权利;承包人还应在发出索赔意向通知书后 28 日内,向监理人正式递交索赔报告;索赔报告应详细说明索赔理由以及要求追加的付款金额和(或)延长的工期,并附必要的记录和证明材料。

问 如何解决施工过程文书送达难的问题?

答 为解决送达难、签证难等情况的发生,可以在签订施工合同时加以注意。例如,施工合同可以明确送达条款,确定合同双方的文件接收人、送达地址,送达方式。在实际操作过程中,要注意该签收人员是否为施工合同中指定的接收人,或者在施工合同签订时未指定接收人的,还要在施工过程中让另一方明确授权接收文件的人员、授权范围。如果确实出现一方拒不签收时,发送材料一方可以通过 EMS 快递送达,固定签收证明,以证明材料已经送达的事实。

典型案例分析

案件名称:深圳市某建设公司与沈阳市某房地产开发公司建设工程施工合同纠纷案

案号:(2019)辽01民终7603号

审理法院:沈阳市中级人民法院

案例来源:全国法院系统2021年度优秀案例

基本案情 2009年5月21日沈阳市某房地产开发公司与深圳市某建设公司签订《建设工程施工合同》一份,工程款支付条款:合同价款暂定26,102,249元,最终以财政决算审核审定为准;工程竣工验收合格后28日内,发包方向承包方拨付工程进度款至本分段工程款的90%,待工程结算审定且工程档案移交后,扣除结算审定额5%的工程质量保证金,余款一次性支付承包方;工程质量保证金在保修期满后,建设单位、物业公司及质监部门检查无问题时,一次性无息返还;在工程具备竣工验收条件后,承包人按国家工程验收有关规定,提前15日向监理提供完整竣工资料、竣工验收报告及工程质量保修书。初验合格后,组织竣工验收。施工单位应在工程竣工验收合格后30日工程移交完毕。

案涉工程于2010年12月交付使用,质保期为2年。根据双方均提供的《外装工程施工阶段进程明细》来看,最后一项工程完成时间为2011年4月20日。经辽宁某工程造价咨询有限公司对案涉工程予以审核,并于2018年8月10日出具《工程结算审核报告》,确定工程造价为31,521,541.11元,含施工用水电费14,356.79元。

案件主要争议焦点:欠付工程款利息的起算时间。

法院观点 第一,案涉合同对工程价款的支付时间仅约定为"工程结算审定且工程档案移交后",在双方对于何时能够审核完毕并无最终约定的情况下,对于工程款的支付时间应视为当事人之间约定不明,沈阳市某房地产开发公司应在案涉工程交付之日支付工程价款。

第二，从案涉《建设工程施工合同》中对支付工程款约定的体系来看，95%工程款支付时间与剩余5%工程款支付时间存在一种先后顺序，首先进行结算审核，以确定工程款总额；其次支付至95%；最后支付剩余5%，这明显约定的是结算审定在先，质保期满在后。而实际的情况是，案涉工程直至2018年才审核结束，此时质保期早已届满。如果再以审核完毕时间作为应付95%工程款的时间，也与双方合同约定不符。

第三，建设工程合同属于双务合同，承包人的主要义务是进行工程建设并交付符合质量要求的完工工程，发包人的主要义务是支付工程价款。因此，在当事人之间的合同没有特别约定的情况下，发包人在承包人交付建设工程后，应支付工程价款。

裁判结果 （1）被告于本判决生效之日起10日内给付原告工程款6,659,842.32元；（2）被告于本判决生效之日起10日内给付原告工程款利息损失，以5,084,483.10元为计算基数，从2011年5月20日起开始计算，以1,575,359.22元为计算基数，从2013年4月20日起开始计算，均至本判决确定给付之日止，均按中国人民银行同期贷款利率标准计算。

律师分析 本案中，双方签订的《建设工程施工合同》约定："待工程结算审定且工程档案移交后，扣除结算审定额5%的工程质量保证金，余款一次性支付承包方”,“工程质量保证金在保修期满后,建设单位、物业公司及质监部门检查无问题时,一次性无息返还”。可见双方对应付工程价款时间的约定是,工程结算审核完成且工程档案移交后支付95%工程款;保修期满且检查无问题支付剩余5%工程款。但是,双方就何时完成结算审核并无约定,在工程结算实践中,结算审核的时间有长有短,而本案结算完毕发生在工程交付后长达8年之久,此时,再以结算审定的时间作为应付工程款之日并不符合法律规定及双方约定。

Part Three

第三编 物权编

3

031

二手房买卖那些事儿

FM99.6 厦门综合广播《新闻招手停》第 13 期

主持人:海蕾

主讲人:苏礼墩律师、王楚律师

热点问题发现

1. 房价涨了,能随意悔约不卖吗?
2. 规避限购政策买房,合同是否有效,能否解除?
3. 购房中的资金支付,土地性质你了解吗?

常见问题解答

问 **房价涨了,能随意悔约不卖吗?**

答 社会上有一种认识,认为卖方提出解除合同,或者赔偿一部分钱,房子就可以不卖,这其实是一个误区。既然签了合同,就要遵守契约精神,卖方这种反悔不卖的行为,违反了诚实信用原则,而且正常情况下违约方无权提出解除合同,作为守约方是可以要求继续履行合同的。

问 如果购房合同无法继续履行,这时买家难道只能无奈接受双倍定金的赔偿吗?

答 这种事情,在房价上涨较快的时候,也是时常出现的。给大家介绍一个案例,梁某与李某以及中介公司签订《房地产买卖居间协议》,约定房价款970万元、定金人民币20万元,在签署本协议后30天内双方在中介公司签订正式房屋买卖合同……此协议签订后,梁某即支付定金20万元。但临近正式合同签署之日,李某通过他人向中介公司提出要求增加房价80万元,梁某予以拒绝,最终双方未能签署正式合同。梁某因李某违约未能买到合适的房屋,故诉至法院,要求李某返还20万元定金,并向其赔偿因李某违约导致房价上涨损失人民币205万元。法院经审理认为,李某的违约行为致使梁某未能及时签订合同,丧失一次以同等价格购买涉案房屋的机会,造成梁某房价差价损失,该损失已超过双方约定的双倍返还定金金额,故梁某要求李某返还定金20万元并赔偿房价上涨损失的诉讼请求,符合法律规定,应予支持;鉴于梁某支付的定金为20万元,仅占房屋总价970万元的2%,故经对涉诉房屋进行市场评估,最终估价结果为1070万元,与合同签订时的价款差价为100万元,法院判决李某赔偿梁某房价上涨的差价损失100万元。根据《民法典》的规定,当事人有要求违约方因违约造成损失而获取赔偿的权利。此外,我国《民法典》对于违约金和定金的选择,有明确的条文予以规定,只能选择其一。但对于定金和损害赔偿的选择,目前则无明确的法律规定。在法无明文规定的情况下,应根据"诚实信用"原则与"公平、公正"原则来分析。当定金与实际损害并存时,当违约行为产生的损害低于定金罚则的金额时,应当适用定金罚则;当违约行为产生的损害高于定金罚则的金额时,除适用定金罚则外,对于超出部分,守约方仍可向违约方主张损失赔偿。本案中,若要李某仅承担定金罚则,明显有失公平,梁某在定金无法弥补其实际损失的情况下,可以就实际所受到的损失向李某进行索赔。

问 规避限购政策买房,合同是否有效,能否解除?

答 之前厦门市中级人民法院有一个案例,买方是个房屋中介,在买卖双方均明知买方不具备购房资格的情况下,双方签订了购房合同,买方向卖方支付了20万元购房定金后,卖方未按约定交付房屋,买方也未支付剩余房款。后买方将卖方告上法庭,要求解除合同,退还定金并赔偿损失。一审法院经审理认为,根据厦门市实施的房屋限购政策,买方在签订案涉《房屋买卖合同》时不具备购房资格,案涉房屋无法过户至买方名下。《房屋买卖合同》欲达到的房屋交易目的无法实现,应予解除。导致《房屋买卖合同》无法继续履行的原因在于双方规避限购政策的交易安排,双方就此均存在一定的过错,应当各自承担相应的责任。一审法院作出了解除《房屋买卖合同》及卖方于判决生效之日起10日内返还买方购房定金20万元的判决。本案二审法院维持了一审判决。

问 限购政策导致房屋买卖合同解除,违约责任如何承担?

答 限购政策导致房屋买卖合同解除并不必然免除双方的违约责任承担。具体而言,应按各自的过错程度,承担相应的责任。如买卖双方都明知买房无购房资格,则双方均存在过错,应当各自承担相应的责任。但如在合同订立、履行过程中,因为一方存在违约行为,刻意隐瞒无购房资格,存在违约行为的一方在合同解除后仍需要承担违约责任。

问 如何避免购买房屋中人财两空?

答 房屋买卖不是小买卖,作为买方应该知晓如何防范资金安全风险,那就是进行资金监管,是指买方不把房款直接交付给卖方,而是让透明的第三方机构监管资金,保证资金安全的交易模式。交易成功(权属转移登记后),资金才会划转给卖方;若交易失败,资金会返还给买方。厦门市也有类似的买卖房屋资金监管平台。鉴于二手房交易可能会涉及按揭贷款,购房的首付款以及银行贷款都应当进入资金托管账户。购房者即便要支付首付款的,出于资金安全考虑,也建议将该款项支付到资金托管账户,而不是卖方的个人账户。

问 关于国有建设用地使用权的用途分类和年限如何划分？

答 我国按照土地的用途，将城市建设用地分为住宅用地、商业用地、工业用地、综合用地和其他用地。住宅用地的土地使用权期限是70年，商业旅游、娱乐用地是40年，工业用地是50年，教育、科技、文化、卫生、体育用地50年，综合或其他用地50年。住宅建设用地，土地使用权到期后才会自动续期。商业用地或工业用地就不是自动续期，要依法办理续期手续及缴纳相应费用。所以说，不同用地性质房价差别极大，对于购买者住房来说，一定要看清土地用途是否属于自己所需要的房屋用途。另外还要注意的一点是土地的来源，市场上有一类房产，由于特殊原因，土地使用权来源可能是划拨，买卖时需要交纳土地出让金，因此，一定要在签署合同之前弄清大概需要交纳多少土地出让金。避免增加购房成本。

典型案例分析

案件名称：张某华诉郑某杰房屋买卖合同纠纷案

案号：(2019)冀0209民终7765号

审理法院：河北省唐山市中级人民法院

案例来源：中国裁判文书网

基本案情 2010年12月28日，甲方张某华与乙方郑某杰签订了《房屋买卖合同》，合同约定甲方自愿将坐落于原唐海县唐海镇文苑花园小区110楼×门××室的房产出售给乙方。该房产系甲方预先交付首付款后，办理中国银行抵押贷款23.2万元购置的，贷款期限为20年，自2007年11月26日起至2027年11月26日止。截至2010年12月27日，在甲方已经偿还此前贷款本息后，尚有21万元贷款未还。甲、乙双方共同约定该房产成交价格为41万元整。乙方在2010年12月28日，将20万元现金付给甲方后，该房产的所有权归乙方所有。甲方原购置该房产时所办理的中国银行抵押贷款尚未偿还的所有贷款本息均由乙方负担。甲方将每月25日前按月向中国银行归还贷款本息的账户转交给乙方，由乙方负责按月向中国银行偿还贷款本息。双方转让成交后，该房地产所有权即归乙方所有，与甲方无任何关系。其后，乙方未按月向中国银行偿还贷款本息及由此产生的法律责任均由乙方承担，甲方无任何责任。合同第4条违约责任约定：(1)甲方保证所提供房产资料齐全、真实且权属清楚无任何纠纷，同时承诺对该房屋享有完全支配处理的权利。甲方保证转让后的房屋没有任何产权纠纷和债权债务纠纷。由于转让人甲方造成该房屋不能办理产权登记或发生债权债务纠纷的，由甲方承担全部法律责任。(2)如因甲方原因与买方、房屋共有人或第三人(权利人)权属和债务纠纷，由甲方负责赔偿给乙方造成的损失并承担一切法律责任。(3)除本合同第3条规定的特殊情况外，如甲、乙任何一方不履行合同或解除合同，均由违约方向另一方支付成交价格的10%作为违约金。被告郑某杰以原告张某华名义向中国银行偿还住房贷款的过程中，2018年5月至7月，均存在逾期还款的情况，其中2018年5月逾期1天至30天未还本金；2018年6月逾期31天至60天未还本金；2018年7月逾期61天至90天未还本金。被告于2018年8月偿还了逾期的贷款。截至2018年6月，张某华名下个人住房贷款余额为136,741元，2018年5月已还本金1006元，故被告郑某杰2018年5月逾期还款时，尚欠中国银行贷款本金137,747元。

法院观点 按照《合同法》之规定，只要构成违约，不管是否造成对方损失，都必须承担违约责任，故对原告要求被告支付违约金的合理请求予以支持。被告迟延交付贷款，但并未在合同约定的范围内给原告造成损失，因现在被告并不拖欠银行贷款，原告也未就该合同支付保护自己权利的任何金钱。《合同法》规定，约定的违约金过分高于造成的损失的，当事人可以请求人民法院或者仲裁机构予以适当减少。因原告在该合同范围内并未造成金钱损失，原告、被告虽然签订合同进行了房产交易，因为该房产属于权利抵押的标的物，房产登记人仍然是原告，故存在权利瑕疵及其交易风险，作为该房产物权上的权利人，原告有责任监督被告履行合同义务，防止自身权利受到侵害。故此，按照房产成交价的10%支付违约金明显过高，法院酌情考虑实际支付违约金数额。综上，为保护诚实信用的合同原则,惩罚违约行为,被告应当按照未付房款的137,747元的10%支付违约金为宜,即137,747元×10%=13,774.7元。

裁判结果 (1)被告郑某杰于本判决生效之日起10日内向原告张某华支付违约金13,774.7元;(2)驳回原告张某华的其他诉讼请求。

律师分析 买房是人生大事,但在买房的过程中,往往会碰到一些让人糟心的事,本案中提到的就是二手房买卖中常碰见的“顶名还贷”的情况。所谓顶名还贷就是购买者与原房主签订房屋买卖合同不办理过户登记,以原房主的名义向银行偿还分期贷款,待贷款还清后办理过户登记手续。这种情况事实上对买卖双方都存在极大风险。买方付了款,可能碰到迟迟无法过户的问题。卖方可能碰到如本案的情况,即贷款在自己名下,但实际的还款人是买方,买方迟延还款给自己的银行征信造成了不良影响。本案法院结合合同约定和法律诚实信用、公平原则等规定,判决被告承担违约责任亦是对原告权利的合法保护。故告诫买卖二手房屋的双方,需谨慎“顶名还贷”带来的风险。

032

《民法典》中有关业主的建筑物区分所有权与相邻权内容

FM99.6 厦门综合广播《新闻招手停》第 14 期

主持人:海蕾

主讲人:陈芳芳律师、苏腾云律师

热点问题发现

1. 人防车位的产权归业主所有吗?
2. 小区外墙脱落、电梯出现问题,到底归谁管?
3. 小区电梯内广告收入,物业有权收取吗?

常见问题解答

问 什么是业主的建筑物区分所有权?

答 建筑物区分所有权,是指业主对建筑物内的住宅、经营性用房等专有部分享有所有权,对专有部分以外的共有部分如电梯、过道、楼梯、水箱、外墙面、水电气的主管线等享有共同管理的权利。对于共有部分,业主可以自行管理,也可以委托物业公司进行管理。

问 小区范围内的绿地、道路、儿童游乐场是否都属于业主共有?

答 不能一概而论,根据《民法典》第274条的规定,小区内的道路原则上属于业主共有,但如果小区内部道路属于城镇公共道路,则不属于业主共有,管理上也由市政部门管理。小区范围内的绿地权属一般来说存在三种可能,一是业主共有绿地,二是个人绿地,三是城镇公共绿地。只有除个人绿地和城镇公共绿地外的小区范围内的绿地,才属于业主共有。儿童游乐场如果是小区规划内的公共场所或公用设施,则属于业主共有。

问 人防车位的产权归谁所有?可以租赁买卖吗?

答 人防车位是指在不妨碍防空功能和满足业主需要的前提下,战时可用于人防工程的地下室,平时可做车库供业主使用的车位。人防车位原则上属于国家所有,但使用权、管理权和收益权属于投资人。《人民防空法》第5条第2款规定,国家鼓励、支持企业事业组织、社会团体和个人,通过多种途径,投资进行人民防空工程建设;人民防空工程平时由投资者使用管理,收益归投资者所有。由此可见,人防车位的使用、管理及收益权的归属,应遵循"谁投资、谁受益"的原则。具体应以"建设成本是不是已经列入小区商品房建设成本""面积分摊有没有实际摊入小区业主的分摊面积"为界定标准。实践中,人防车位一般不会被计入公用建筑面积,它的建筑成本由开发商承担,那么根据"谁投资、谁受益"的原则,开发商可以保留该车位的管理及收益权。但是,如果人防车位建筑成本最终计入房价且面积亦由业主分摊,则其收益权就应当属于全体业主。

由于人防车位在租赁、交易、产权登记等方面均有一定限制性规定,消费者应及时了解小区人防车位的租售政策,必要时应咨询当地人防或不动产交易部门确认车位权属,避免遭受不必要的经济损失。

问 一楼业主可否不交纳电梯维修费?

答 根据《民法典》第273条的规定,业主不能以放弃共有部分权利为由不履行对共有部分的义务。在购买商品房的时候,已经把该部分的费用换算至房价中,低楼层的价格与高楼层的价格不一样也基于此。所以,业主不得以不使用电梯为由,不交纳电梯维修费用。同理,在北方城市集中供暖情况下,业主不得以不在此居住为由,不交纳暖气费用。

关于物业费的交纳,《民法典》在合同编新增一类有名合同——物业服务合同。《民法典》第944条第2款规定,业主违反约定逾期不支付物业费的,物业服务人可以催告其在合理期限内支付;合理期限届满仍不支付的,物业服务人可以提起诉讼或者申请仲裁。因此,业主逾期交纳物业费，物业服务人应先进行催交，业主在合理期限内仍不支付，物业服务人才可以提起诉讼或者申请仲裁。物业服务企业应合法催交物业费，不得采取停止供电、供水、供热、供燃气等方式催交，同时保留好催交的相关证据以备诉讼。

问 小区外墙脱落、电梯出现问题时，谁负责？

答 日常保养的工作，属于日常物业管理的范畴；如维修、更新、改造，符合维修资金使用范畴的，应通过申请使用维修资金解决。外墙脱落等公共部位出现问题，保修期内可向物业服务企业或业委会进行反映，由其协调建设单位进行维修；保修期外的，可由物业服务企业及业委会申请使用维修资金解决。

推行垃圾分类后，垃圾分类桶自然老化破损及更新改造问题也越发凸显，如厦门市建设局明确物业管理区域垃圾分类投放设施设备等，可以用专项维修资金购买和修缮的，应当优先从日常专项维修资金，也就是通常所说的“小公维金”中列支。“小公维金”一般由业委会或物业服务企业代收管，按照相关规定制度使用，同时需定期公示收支情况，所购买的设施设备权属也属于相关业主。

问 电梯内广告收入、快递柜租金收入、车位收费收入等小区公共收益属于谁？

答 《民法典》第 282 条首次明确规定，建设单位、物业服务企业或者其他管理人等利用业主的共有部分产生的收入，在扣除合理成本之后，属于业主共有。《民法典》第282条首先明确了共有部分发生收益，应当确定地属于全体业主所有。其次，共有部分产生的收益中，建设单位、物业服务企业或者其他管理人可以扣除合理成本，包括必要的经营成本，属于产生收益所必须发生的费用，不应由建设单位、物业服务企业或者其他管理人来承担。最后，扣除合理成本后的其余收益应当属于业主共有，具体如何分配这些收益，应当由业主共同决定，实践中业主可以以业主大会决议的形式决定将这部分收益归属于公共维修基金，也可以决定将这部分收益分配给全体业主。

问 邻居擅自将小区内的住宅房屋改变为餐饮、娱乐等商业用房怎么办？

答 实践中将此种情况称为“住改商”。这既包括利用住宅从事经营生产企业、规模较大的餐饮以及娱乐、洗浴或者作为公司办公用房等营业行为，也包括因生活需要利用住宅开办小卖部、早点铺、理发店等营业行为。这类纠纷表现为对建筑物区分所有权人享有的物权利益的一种妨碍或侵害。业主可以向该居住小区的物业和业主委员会投诉。物业可以向违规业主发出整改通知。业主不配合的，还可以通过工商管理部门等有关行政管理部门对其进行干预，并上报有关执法部门依据物业管理条例等规定对业主进行处罚。小区内住改商产生的噪声、油烟问题，业主可以向环保部门投诉，亦可以向人民法院起诉，请求判决排除妨害，恢复原状，并承担相应民事责任。

问 日常生活中遇到相邻纠纷，应如何妥善处理？

答 解决相邻纠纷，首先是与相对方及时沟通，友好协商。邻里双方抬头不见低头见，应多换位思考。在日常生活中，应尽量避免给对方造成妨碍，同时相对方在合理限度内也要尽到必要的容忍义务，彼此团结互助，共同构建和睦友好的邻里关系。较于诉讼，居委会、物业等部门居中调解所耗费的时间、人力、物力成本更低。且这些部门对于双方纷争的情况更为了解，由其作为调解者更有利于及时化解双方矛盾，共筑和谐家园。当通过自行协商、居委会调解仍无法解决纠纷时，被妨碍方可诉诸法院。但切记需要在纠纷发生的第一时间固定证据，如拍摄照片、视频等以证明受妨碍的事实。否则当事人可能因举证不能而无法实现自身合法权利。

典型案例分析

案件名称：商铺业主诉某广告公司、某摄影协会恢复原状纠纷案

案号：(2020)黔27民终1485号

审理法院：贵州省黔南布依族苗族自治州中级人民法院

案例来源：贵州省高级人民法院发布适用民法典典型案例(十六)

基本案情 某广告公司在人民广场浮雕墙上端设置面积为600平方米的广告牌发布公益及商业性广告,但案涉浮雕墙依附于人民广场街道商铺外墙,广告牌架设于街道商铺屋顶。后商铺所属物业公司与该广告公司达成协议,将商铺屋顶永久转让给该广告公司,同时某摄影家协会发布的广告牌也架设在浮雕墙上端外墙面。街道商铺共有104个,商铺购买人在购买时分别与开发商签订《物业管理公约》,约定购房者(业主)应接受物业对街道的物业管理,不得擅自占用及损坏各类属共用部分的墙面、走廊、门厅、屋楣及属甲方的广告位。商铺业主认为架设广告牌的行为侵害其对建筑物的共有权利,诉至法院请求被告恢复原状。

法院观点 业主对建筑物专有部分以外的共有部分享有共有和共同管理的权利。从自然物理属性和功能用途来看,建筑物的全体业主对楼房的外墙和顶端拥有建筑物共有权,未经业主同意,任何擅自处理和改变楼房的外墙和顶端使用权的行为,均构成对业主权益的妨害,应承担相应的民事责任。且物业公司不得进行出售、出租及处置建筑物共有部分、共有区域等与物业管理无关的活动。

裁判结果 人民法院经审理认为,国家、集体、私人的物权和其他权利人的物权受法律的保护,任何单位和个人不得侵犯。建筑物外墙及屋顶属于建筑物业主的共有部分,该广告公司在案涉商铺屋顶架设的广告牌为钢架结构,且面积较大,为固定该广告牌必然会对屋顶造成一定程度损坏。

该广告公司及某摄影家协会在未征得物权共有人同意的情况下擅自使用屋顶及外墙架设广告牌发布广告已构成侵权,且该广告公司并未举证证明案涉屋顶及墙面为该公司合法取得的专属广告位,遂判决两被告拆除广告牌并将因架设广告牌损坏的屋顶恢复原状。

律师分析 《民法典》在沿袭《物权法》的基础上,明确了业主对建筑物的共有部分、基地使用权、小区的公共场所和公共设施等共同享有的财产性权利。因此,建筑物区分所有权不是一种单纯的一般意义的不动产所有权,它源于传统所有权但权利范围又有所扩张,是一种在现代城市化进程中产生的新型复合民事权利。基于此,共有部分的共有权人并非单一主体,而是一定范围内的业主群体,为了对共用部分的利用能够处于有序的状态,业主在共有的基础上享有因共有部分所生利益同时业主对共有部分的利用也应当符合法律、小区管理规约的规定及业主大会的决定,秉持合理使用的原则,按照共有部分的本来性质及用途予以使用。

033

居住权

FM99.6 厦门综合广播《新闻招手停》第15期

主持人：海蕾

主讲人：方凡佳律师、潘致强律师

热点问题发现

1. 为什么房子归我，我却住不了？
2. 关于居住权应用场景的畅想。
3. 养老社区与居住权的关系。
4. 居住权证明能用于上学区学校吗？

常见问题解答

问 “居住权”是怎样的一种权利？如何行使？是否有案例可以更直观地理解这一问题？

答 “居住权”顾名思义，就是基于生活需要而对他人房屋享有占有、使用的一种权利。“居住权”概念最初来源于罗马法。在欧洲大陆国家，如德国、法国，“居住权”早已是一项常见的制度。由于我国是大陆法系国家，所以我国民法体系继受了包括日本在内的大陆法系国家的概念和规则。由于日本《民法典》在立法时舍弃了该项制度，故导致借鉴日本《民法典》的其他东亚地区国家未设立该项制度。

问 借鉴日本《民法典》的其他东亚地区国家未设立居住权制度的原因是什么？

答 最主要原因是，当时立法者认为，在受儒家思想影响深厚的东亚文化圈里，弱势群体的居住权益可以通过家族血亲之间的互帮互助来解决。直到我国《民法典》颁布，居住权才又回到公众的视野，并且是以专门一个章节来进行规定。但是《民法典》对居住权的规定仍然十分有限，要想用好“居住权”，还必须结合民法典体系的一般规定与域外立法经验，来对“居住权”进行理解与适用。

问 是否有案例可以帮助我们理解居住权？

答 近期武汉发生了一起与居住权相关的案件。有一对夫妻，女方婚前购置了一套房产，属于女方个人财产。双方婚后居住在这个房屋，二人亦未生育子女。女方临死前立了一份遗嘱，表示过世后要将这套房产留给自己的亲弟弟，同时表示男方如果没有再婚，即可继续居住在该房屋里。女方过世后，男方与小舅子为该房产对簿公堂。法院确认了遗嘱的效力，亦即由小舅子取得房屋所有权，男方则享有房屋的居住权。但是就在今年年初，男方忽然发现，小舅子已将房子挂上网络平台准备出售。因为担心房子出售后将影响自己的居住权益，男方随即向法院申请强制执行。执行局法官基于男方的申请向不动产登记机关发出协助执行通知，为男方办理了居住权登记手续。

"居住权"制度设立以后，将产生诸多"房子是我的，但我住不了"的情况。可以说，"居住权"的产生，对我国房产交易体系带来了系统性的变化，设立"居住权"的房屋，房产价值势必贬损。所以未来人们在进行二手房买卖时，一定要看自己购买的房屋是否存在居住权登记，以免出现自己购买房子却无法居住的情形。另外，站在第三人或者债权人的角度，还可能遇到债务人为逃避履行债务而在自己所有的房产上恶意设立居住权的情况。这种情况应当落入债权人可以撤销的对象中，否则"居住权"就有可能沦为债务人恶意逃债的工具。

问 为什么《民法典》专章规定"居住权"？

答《物权法》的基本原则之一"物权法定"，即物权的种类以及物权的内容只能由法律设定，不能由当事人自行创立。我国过去的法律从未设定居住权。但近年来随着社会发展,现实生活中基于扶养、赡养或者养老的需要,已有不少人在合同或者遗嘱中写进了“居住权”。为了规范相关操作,同时也是顺应时代的发展,《民法典》对“居住权”进行了专章规定。

问 如何理解“居住权”是基于扶养、赡养或者养老的需要?

答 众所周知,中国人是比较爱购置房产的,民间常有“以房养老”的说法。近期,国家统计局发布了第七次人口普查的结果,我国老龄化程度在加深,许多孤寡老人或者独居老人,通常是配偶已经过世,子女又在外地就学或者工作而不便照料老人。于是有的老人再找了伴侣,有的则可能请了保姆照料自己的生活起居。对于陪伴自己终老的人,有些老人可能会考虑在自己百年之后也给他/她们留一份保障,比如可以继续居住在自己的房屋中直至终老。但是这种心愿往往会与作为法定继承人的子女的利益发生冲突。为什么现实生活中有些老人的子女会反对夕阳恋,其实不外乎是担心遗产旁落。有了“居住权”制度,老人们可以在遗嘱中确定子女的继承权,同时给陪伴照料自己终老的人以居住权,各方的利益都能平衡,皆大欢喜。

此外,我国《婚姻法》没有离婚扶养规则,离婚时如果一方生活困难,另一方应当给予适当帮助,司法实践中通常仅被支持1~2年的租金补偿。但“居住权”制度允许在离婚协议中约定给予弱势一方居住权。

问 "居住权"具体应当怎么操作，法律上是怎样规定的呢？

答 首先，"居住权"必须以书面形式设立，主要通过合同约定、遗嘱设立，或者是通过法院裁判文书的方式。以合同设定居住权为例，合同一般应包括以下条款：(1)当事人的名称及住所——双方当事人的名称和住所，特别是居住人的信息一定要明确；(2)住宅的坐落位置——设定居住权的房屋地址、门牌号码、面积等；(3)居住的条件和要求——因为居住权是无偿的，所以可能会附带一些要求，比如在前述的案例中，男方没有再婚就可以继续居住，如果再婚就不能居住了；(4)居住权的期限——居住权可以设定期限，如果未设定期限，按照《民法典》的规定，居住权人死亡的，居住权即消灭；(5)争议解决方法——双方就居住权发生争议后，通过何种方式解决。

问 "居住权"与租赁有什么区别？

答 "居住权"是无偿的。如果有对价，则为租赁关系，不是"居住权"。也正是因为居住权没有对价，所以居住权不能转让，也不能继承。无论是通过遗嘱还是通过合同取得居住权，居住权人无法再将居住权转让其他人。总之，居住权的无偿性决定了它的不可转让性，居住权原则上没有二次交易价值。

问 如果有偿设立"居住权"，是否意味着合同无效？

答 不能绝对地认为合同无效。因为严格来讲，"居住权"的有偿设立是存在的。假设兄弟俩共同出资建房,房子建成以后,所有权登记给了哥哥,居住权登记给了弟弟。这种情况下,不能说弟弟的居住权是没有对价的。因为建这个房子弟弟也有出资,只是弟弟的这部分权益转化为房屋居住权。所以,原则上“居住权”都是无偿的,有偿情况下需再具体问题具体分析。

问 养老社区产品是否适用“居住权”概念?

答 在养老社区概念中,许多人会通过购买年金险的方式去获得入住某一家保险公司开发的养老社区的资格。但是养老社区的“居住权”与我们今天所探讨的“居住权”还是不同的。养老社区的“居住权”是一种入住资格,根据不同保险公司的政策,以及我们对保单上投保人、被保险人等人员的安排,养老社区的“居住权”是可以“继承”的。所以养老社区里的“居住权”是存在对价的。

居住权虽然设在《民法典》物权编的用益物权之下,但其实更多地是准用《民法典》合同编的第十一章赠与合同的一般规则,如赠与人在赠与财产的权利转移之前可撤销赠与。根据该规定,居住权在最终登记前由于权利还未发生转移,所有权人是可以撤销居住权的。再如,经过公证的赠与合同或者具有救灾、扶贫、助残等公益、道德义务性质的赠与合同,不得撤销。同理,如果居住权是经过公证的,或者居住权的设立是出于道德义务,居住权则不能撤销。

问 “居住权”除了必须以书面形式确立之外，“居住权”的实现还有什么形式要求？

答 即“居住权”必须依法登记。假设“居住权”是通过合同约定的，则合同签订后，双方需要到登记机关申请居住权登记。登记后，居住权才正式成立。居住权设立的时间，也就是居住权登记的时间。同样，如果居住权是通过遗嘱或者法院文书确定的，也需要到登记机关办理登记，居住权才设立。之所以这样规定，是因为居住权是一种物权，除了物权法定原则之外，还有一个基本原则是物权登记主义。这也是居住权与租赁最大的区别所在，租赁权是一种债权。如果“居住权”未登记，则极易与租赁混淆，亦无法对抗第三人。

问 “居住权”能否被用来上学区学校而不购置房产？

答 答案是否定的。目前我国的《义务教育法》只规定了适龄儿童在户籍所在地学校就近入学，还未将居住权所在地纳入入学条件。因此，居住权不能够用来确定学校，还是需要根据户籍所在地来确定学校。

Part Four

第四编 侵权责任编

4

034

中小投资者证券虚假陈述索赔维权解读

FM99.6 厦门综合广播《新闻招手停》第 34 期

主持人：海蕾

主讲人：陈清华律师、毛静律师

热点问题发现

1. 投资者证券虚假陈述索赔纠纷法律关系性质。
2. 哪些投资损失可以索赔？投资损失如何计算？
3. 责任主体和“追首恶”制度。

常见问题解答

问 投资者证券虚假陈述索赔纠纷的法律关系性质如何？

答 上市公司信息披露造假实质是一种民事侵权行为，其行为使得股价难以反映真实的市场价值，由此对投资者的投资决策造成影响，致使信赖其披露信息的投资者做出了错误的判断从而导致投资损失，按照《民法典》的相关规定，上市公司及其他责任主体应当就此行为承担相应的侵权赔偿责任，而并非将投资者受损的责任推给市场。就此，最高人民法院早于 2003 年就发布司法解释《关于审理证券市场因虚假陈述引发的民事赔偿案件的若干规定》，对证券虚假陈述索赔纠纷的法律要件作出了详细的规定。2021 年 12 月 30 日，最高人民法院《关于审理证券市场虚假陈述侵权民事赔偿案件的若干规定》已于最高人民法院审判委员会第 1860 次会议通过，自 2022 年 1 月 22 日施行。替代上述规定。

问 普通的中小投资者如何判断虚假陈述行为？

答 虚假陈述是指信息披露义务人违反证券法律规定，在证券发行或者交易过程中，对重大事件作出违背事实真相的虚假记载、误导性陈述，或者在披露信息时发生重大遗漏、不正当披露信息的行为。

由于市场地位的差别以及信息内容的专业度，很多时候上市公司的虚假陈述行为难以及时被投资者发现，目前我国还主要依赖于监管部门的强力监管和媒体监督。以往实务中，这类案件提起诉讼的条件之一，[①]是该上市公司、负责人等已经被立案调查，或者公司或负责人已经被作出行政或司法处罚。这样的受理条件，一方面降低了投资者的举证责任，另一方面也在无形中提高了维权门槛。不过这种情况已经有所变化，比如，在"五洋建设"证券虚假陈述纠纷一案中，上市公司的两家服务中介某律师事务所和某评级机构虽未受到行政处罚，但也被判决按5% ~10% 的比例承担连带赔偿责任，对维权的中小投资者而言是一个破冰开端。

问 **一旦上市公司存在虚假陈述行为，投资者的损失是否都能获赔？**

答 只有当投资者是基于上市公司披露的虚假信息产生合理信赖从而做出的投资行为，其投资损失才与信批造假行为之间建立了法律上的因果关系，才有可能获得赔偿。此外，证券市场可能还存在大盘系统性风险、行业市场风险或者公司本身的经营风险等，由此导致的投资损失则属于"风险自担"的范畴。如在抚顺特钢一案中，由于虚假陈述行为（财务造假）持续时间长达10年，这期间出现过钢铁行业的整体性波动及大盘整体的系统性波动，主审法官在衡量因果关系时，会将这些因素引发的投资损失排除在索赔范围以外。

---

① 新修订的《若干规定》第2条已经明确取消了该"行政/刑事处罚前置"的立案要求。

问 对于普通中小投资者而言，该如何判断或者量化这个因果关系？

答《若干规定》第 11 条明确规定，原告能够证明信息披露义务人实施了虚假陈述，原告在虚假陈述日之后或更正（揭露）日之前实施与虚假陈述直接关联的证券交易行为，并在更正（揭露）日之后卖出股票或者继续持有的，人民法院应当认定该投资者的投资决定与虚假陈述行为之间的因果关系成立，即投资者初步具备了索赔的条件。

问 投资者的哪些损失是可以索赔的？投资损失如何计算？

答《若干规定》第 25 条规定，投资者实际损失包括投资差额损失、投资差额损失部分的佣金和印花税。《若干规定》第 26 条规定，为将原告应获赔偿限定在虚假陈述所造成的损失范围内，确定基准日作为计算合理损失期间的截止日期。

投资差额损失的计算，则以基准日是否卖出股票为限，分为两种不同的计算公式。投资者在实施日之后、更正（揭露）日之前买入，在基准日及以前卖出股票的，其投资差额损失，以买入股票平均价格与实际卖出股票平均价格之差，乘以投资者持股数量计算。投资者在实施日之后、揭露（更正）日之前买入，在基准日之后卖出或者仍持有股票的，以买入股票平均价格与揭露（更正）日起至基准日期间每个交易日收盘价的平均价格之差即基准价，乘以投资者所持股数量计算出其投资差额损失。

问 对于交易频繁,且买卖交叉进行的投资者,如何确定其买入/卖出平均价?

答 目前并没有法定的统一计算标准。实务中计算方式也比较多样,如投资成本法、先进先出法、加权平均法、移动加权平均法等。计算方式的选择会直接影响投资者可获得赔偿的金额。目前司法实务中使用比较多的是移动加权平均法,按每增加一笔交易就计算一次平均价,因此平均值是随着交易价格和交易量在不断变化的,也是最贴近投资者实际损失的计算方式。但对于交易频繁的投资者而言,计算工作量非常大,建议投资者可以委托专业的律师或者机构来计算确定差额损失。

问 投资者可以向哪些人提起虚假陈述索赔诉讼?

答 此类案件的被告是做出虚假陈述的行为人。一般而言,主要是发行人或上市公司这类法定的信批义务人。此外,还包含上市公司的发起人、控股股东等实际控制人;为虚假陈述行为提供中介服务的中介机构,比如保荐人、承销券商、会计师事务所、律师事务所等;还有前述这些机构中负有责任的董事、监事、高级管理人员或其他负责人等。目前的司法趋势,也是鼓励投资人向实控人股东、董事、监事、高级管理人员等最终责任主体维权,称为"追首恶制度"。

问 投资者可以向哪些法院提起虚假陈述索赔诉讼?

答 《若干规定》第3条对一审法院作出集中管辖的一般性规定:对凡含

有上市公司在内的被告提起诉讼的，由上市公司所在直辖市、省会市、计划单列市或经济特区中级人民法院或专门法院管辖，[①]而针对上市公司以外的主体提起诉讼，管辖依旧遵循“被告所在地”原则。因起诉对象众多，使得各地不同的投资者就同一家上市公司虚假陈述行为向不同的有管辖权的法院同时提起诉讼，可能导致管辖法院发生冲突。为此，2019 年《全国法院民商事审判工作会议纪要》（以下简称《九民纪要》）第 79 条明确了先立案的原则，即由最先立案的中级人民法院管辖。后立案的法院应按照《民事诉讼法》相关规定，将案件移送到先立案的人民法院。

问 从提起诉讼到投资者能够实际拿到赔偿款，维权时间周期大概有多久？除诉讼外，可否还有其他的维权方式建议？

答 由于此类案件人数众多，涉及范围广，确实存在诉讼周期较长的问题。有些案件启动了代表人诉讼机制，法院会发布公告通知投资者进行统一立案登记，而这部分时间依法不计入审限，可能导致维权周期进一步延长。

除诉讼外，建议投资者也可考虑调解等其他的维权方式。在双方都有调解的意愿，且案件的法律关系和金额相对清晰，没有太多争议的情

① 新修订的《若干规定》第 3 条同时规定了有管辖权的一审法院可根据实际情况，指定其他中级人民法院管辖，同时报最高人民法院备案。

况下，可申请通过各省、市的中小投资者服务中心等平台达成调解协议，既降低了诉讼成本，还款也有一定的保障。

典型案例分析

案件名称：顾某等投资者诉康美药业股份有限公司证券虚假陈述责任纠纷案

案号：(2020)粤01民初2171号

审理法院：广州市中级人民法院

案例来源：中国裁判文书网

基本案情 2021年4月8日，经法院公告登记，中证中小投资者服务中心有限责任公司(以下简称投服中心)代表52,037名投资者，要求康美药业等22名被告赔偿其投资损失。经最高人民法院指定管辖，广州市中级人民法院适用特别代表人诉讼程序审理该案。广州市中级人民法院查明，康美药业披露的财报中存在虚增营业收入、货币资金等情况，某会计师事务所出具的审计报告存在虚假记载。经专业机构评估，扣除系统风险后投资者实际损失为24.59亿元。

争议焦点：(1)案涉虚假陈述行为的认定；(2)原告投资损失与案涉虚假陈述行为之间有无因果关系；(3)各被告赔偿责任的认定。

法院观点 康美药业进行虚假陈述造成了投资者投资损失，应承担赔偿责任。马某、许某等组织策划财务造假，某会计及相关审计人员违反执业准则，均应对投资者损失承担全部连带赔偿责任。康美药业部分董事、监事、高级管理人员虽未直接参与造假，但签字确认财务报告真实性，应根据过失大小分别在投资者损失的20%、10%及5%范围内承担连带赔偿责任。

裁判结果 (1)被告康美药业向原告52,037名投资者赔偿投资损失2,458,928,544元；(2)被告康美药业部分董事、监事、高级管理人员在各自的责任认定范围内对判决第一项确定债务按5%、10%、20%的比例承担连带清偿责任；(3)被告某会计师事务所及其负责人对本判决第一项确定的债务承担100%连带清偿责任。

律师分析 本案为首例采用特别代表人诉讼方式进行的证券虚假陈述责任纠纷案件，对切实维护投资者合法权益具有重要的指导意义。在认定揭露日方面，未机械套用法条，而结合事实影响，采纳自媒体揭露文章的时间节点；在计算投资差额损失金额方面，采用更贴合实际损失的移动加权平均法。在责任承担比例焦点方面，尽管《证券法》第85条、《若干规定》第14条、第18条规定了上市公司虚假陈述行为致使投资者在证券交易中遭受损失的，上市公司应当承担赔偿责任，不能证明自己没有过错的上市公司董事、监事、高级管理人员、中介机构及负责人应当与发行人、上市公司承担连带赔偿责任。但并不意味着,所有的过错方均必须承担100%的连带赔偿责任,而是基于权责一致的原则,按照其过错程度、影响作用大小等,承担相应的赔偿责任。其中,上市公司、实际控制人与直接参与虚假陈述行为的董事、监事、高级管理人员之间存在主观的意思联络,属于共同侵权,应当对投资者的全部损失承担连带赔偿责任;而审计机构因违反相应的审计准则和执业规范,存在重大缺陷,故须承担100%的连带赔偿责任;其他未尽勤勉义务的董监高人员,则只应当根据其过错程度,承担部分赔偿责任。

035

理财产品频频爆雷，投资者该如何维权？

FM99.6 厦门综合广播《新闻招手停》第35期

主持人：海蕾

主讲人：毛静律师、井琨律师

热点问题发现

1. 在银行购买的理财产品爆雷或亏损了，投资者是否可以向银行索赔？
2. 商业银行等金融机构在销售理财产品时，应负有哪些义务？
3. 商业银行等金融机构在什么情况下应当承担相应的赔偿责任？

常见问题解答

问 在银行购买的理财产品爆雷或亏损了，投资者是否可以向银行索赔？

答 银行在向客户销售理财产品时，应当履行其作为销售者相应的法定职责和义务，如因未履职尽责导致客户损失的，银行当然负有一定的责任。

但该行为不同于一般的民事行为，要求投资者应当具备比一般民事行为主体更高的注意义务。这种注意义务体现在：应尽可能结合自身的财务状况和理财需求，对理财产品的特点加以深入了解，充分了解理财产品中的各种风险与收益，并采取合理的资产投资组合，注意理财产品的风险，慎重进行投资。反之，如在明知投资风险并承诺自担投资风险的情况下，还自主选择超过其风险承受能力的理财产品，导致发生亏损的，投资者应自担相应投资风险。

另外，中国人民银行、银保监会、证监会、外汇局于 2018 年 4 月联合印发的《关于规范金融机构资产管理业务的指导意见》，在经历 3 年的缓冲期后，于 2022 年 1 月 1 日正式生效，所有的理财产品都打破刚性兑付，实现资产净值化。打破了此前商业银行在实践中进行兜底兑付的行业习惯，投资者必须自行承担相应的风险。

问 商业银行在销售理财产品时，应承担哪些义务？

答 首先，最高人民法院在 2019 年年底出台的《全国法院民商事审判工作会议纪要》(以下简称《九民纪要》)中,特别强调了金融机构在销售理财产品时,需要履行适当性义务、告知说明义务等。其次,商业银行对其工作人员(如理财经理)负有监督、管理的职责,如因工作人员在履职中操作不当或其违法违规行为给投资者造成损失的,银行也要因此承担相应的侵权责任。此外,商业银行对其营业场所的风险提示、安保措施也负有法定的义务和职责。

问 如何理解金融机构的适当性义务?如何判断商业银行等金融机构是否履行了适当性义务?

答 金融机构的适当性义务可从以下三个方面来解读:第一,“充分了解客户”。银行等金融机构在销售理财产品时,必须给投资者做“投资风险承受能力评估”,因为每个人的投资偏好、投资经验以及应对风险承受能力各有差异,应当综合评估投资者风险承受能力等级,以便推荐适合其风险承受能力的理财产品,这也是现行法律法规及行业规范对金融机构的基本要求。第二,“全面了解产品”。银行工作人员需全面且充分地了解产品的背景、架构、风险程度等,还应向投资者充分说明产品的相关内容,特别是风险情况,这是“适当性义务”的核心。第三,“谨慎适当推介”。这实际上是要求在充分了解客户、全面了解产品的情况下,将适当的产品推荐、销售给适当的投资者,向投资者推荐符合其风险承受能力范围的产品。

判断商业银行是否履行了“适当性义务”应当符合以下标准:首先,

商业银行的理财产品宣传销售文本应当全面、客观地反映理财产品的重要特性和与产品有关的重要事实。其次,商业银行应当对非机构投资者的风险承受能力进行评估,确定投资者风险承受能力等级。而且,在评估过程中商业银行不得误导投资者或者代为操作,从而确保评估结果的真实性和有效性。再次,商业银行应当向投资者充分披露信息、揭示风险,不得宣传或承诺保本保收益,不得误导投资者购买与其风险承受能力不相匹配的理财产品。最后,将适当的产品推荐、销售给适当的投资者。

问 法律上对老年人消费群体有没有特殊的规定或保护?

答 有的。很多理财产品尤其是高风险类的产品,对购买者的年龄是有严格限制的。同时,也有相关法规要求银行在向客户推荐理财产品时,要严格根据实际年龄、承受能力进行切实有意义的风险评估。2021 年 2 月 3 日,中国银保监会消费者权益保护局就光大银行侵害消费者权益情况进行通报,其中就涉及光大银行对客户风险承受能力评估管控不力,导致大量高龄客户风险承受能力评估结果高于实际等级,适当性管理落实不到位。比如,放任一名 72 岁消费者在风险承受能力评估问卷中勾选年龄“D. 61 - 65”,使风险评估结果由实际的进取型改为激进型,并认购了高于其实际风险承受能力的理财产品。

问 因银行或其工作人员未尽职履责导致投资者损失的,获赔比例如何?

答 法院在审理此类案件时,一般会根据双方提交的证据判断各自过错程度,从而确认各方对损失承担的比例。故不同案件对损失承担的比例亦不相同。如银行工作人员在向客户推荐理财产品时,未按要求对客户的风险承受能力进行测评,或者向客户推荐超出其承受能力外的理财产品,则银行所承担的赔偿责任可能会更高。因此,最终侵权责任比例要结合每个案件的具体细节进行综合认定。

问 如果投资者手写诸如“本人明确知悉可能存在本金损失风险”等内容,是否可以视为银行已经履行了告知说明义务?

答 告知说明义务的履行是投资者能够真正了解各类高风险等级金融产品或者投资活动的投资风险和收益的关键。在司法实践中,如果银行简单地以投资者手写了诸如“本人明确知悉可能存在本金损失风险”等内容主张其已经履行了告知说明义务,而不能提供其他相关证据的,人民法院对其抗辩理由一般不予支持。

问 针对金融理财产品,监管部门是否还有其他措施来保护投资者权利?

答 针对部分高风险的产品,目前有出台一些特殊保护机制。比如《商业银行理财产品销售管理要求》中有规定投资冷静期,明确商业银行应当在私募理财产品的销售文件中约定不少于24小时的投资冷静期,并载明投资者在投资冷静期内的权利;商业银行不得通过电视、电台渠道对具体理财产品进行宣传;销售风险评级为四级(含)以上理财产品时,除非与客户书面约定,否则应当在商业银行网点进行等。

典型案例分析

案件名称：王某与中国工商银行股份有限公司北京某支行财产损害赔偿纠纷案

案号：(2019)京02民终15312号

审理法院：北京市第二中级人民法院

案例来源：中国裁判文书网

基本案情 2015年，62岁的王某在北京某银行处申购HT集合资产管理计划产品(金额100万元)和HA基金产品(金额70万元)，其签订的申请书载明："……不是我行发行的理财产品……可能产生风险，无法实现预期投资收益……投资风险由您自行承担……"该行测评王某风险承受能力为平衡型，HT为低风险，HA为高风险，HA风险级别高于王某的风险承受能力。王某签署电子风险揭示书，后收取分红收益5万元。2017年其申请赎回时份额约100万份，金额约80万元。王某起诉请求判令该行赔偿本金约23万元、利息16万元并三倍赔偿68万元。

法院观点 北京市第二中级人民法院认为，案涉《资产管理合同》及《风险揭示书》等均系银行依循的规范性文件或自身制定的格式合同，不足以作为双方就案涉金融产品相关情况充分沟通的凭证。银行对王某作出的风险承受能力评估为平衡型，但案涉金融产品合同中显示的风险等级并非均为低风险，该行违反提示说明义务，未证实购买该产品与王某情况及自身意愿达到充分适当匹配的程度；未能证明其已经对金融消费者的风险认知、风险偏好和风险承受能力进行了当面测试并向其如实告知、详尽说明金融产品内容和主要风险因素等，应当承担举证不能的法律后果。同时，王某有投资理财经验，应当知晓签字确认行为效力；本案投资亏损的直接原因是金融市场的正常波动，并非该行的代理行为导致，王某亦应对投资损失承担一定的责任。

裁判结果 （1）撤销北京市东城区人民法院（2019）京 0101 民初 11188 号民事判决；（2）中国工商银行股份有限公司北京某支行于本判决生效后 15 日内赔偿王某 70,000 元；（3）驳回王某的其他诉讼请求。

律师分析 第一，从基础法律关系来看，本案双方诉讼的基础法律关系系财产损害赔偿纠纷，即一般侵权纠纷。判断侵权是否成立，应主要从被诉行为是否存在过错、是否违法、是否有损害事实的发生以及行为与损害后果之间是否存在因果关系等方面予以考量。

第二，判断银行在销售案涉金融产品过程中是否存在侵害王某财产权益之行为，关键在于辨析王某在购买案涉金融产品的过程中，银行是否尽到了适当性义务。在推介、销售高风险等级金融产品和提供高风险等级金融服务领域，适当性义务的履行是“卖者尽责”的主要内容，也是

“买者自负”的前提和基础。

第三,本案中,根据王某提供的户口簿、工资账户明细等证据,王某收入尚未达到高于本市平均工资的较高水平,其本人及家庭成员账户亦未见经常性地大额消费支出,其此前所从事的投资理财亦无对高风险产品的熟练操作,所以,从王某自身财产状况、金融资产状况、投资知识和经验、专业能力等因素可以看出,其个人在投资方面显然属于普通投资者。

第四,本案的举证责任之分配不应仅以金融消费者一方的单向举证为主,而应综合双方主要证据对关键事实作出认定。根据案涉产品、投资活动的风险和金融消费者的实际情况,综合理性人能够理解的客观标准和金融消费者能够理解的主观标准来确定卖方机构是否已经履行了告知说明义务。

第五,契约自由、平等保护、诚实信用等均是人民法院进行民商事案件审判的重要基本原则。本案裁判并非要求金融机构销售金融产品或代理相关业务过程中忽视投资主体的自由处分之权利,而是希望在市场经济快速发展过程中,金融机构作为更有能力提示金融消费者防范相应风险的主体,能够更加完善相关机制举措;同时,金融消费者亦更具风险意识,双方共同促进金融秩序的良好发展和社会经济法治的进步。

本案意义:本案是《九民纪要》发布后首批维护金融消费者权益案件之一,指出银行应就投资者的年龄、投资经验、专业能力进行审查并考虑老年消费者情况等,对老年投资者应给予特别提示,结合民商事法律法规、《九民纪要》提出了金融机构提示说明义务和金融消费者注意义务等判断标准。对如何为老年人提供更加合法、安全的投资理财消费环境设置了一定的标准,具有积极意义。

036

《民法典》时代，如何守护公民的隐私和个人信息权益？

FM99.6 厦门综合广播《新闻招手停》第38期

主持人：海蕾

主讲人：孙洪良律师、蒋晓丹律师

热点问题发现

1. 什么是公民隐私权和个人信息保护？
2. 以案说法：隐私权和个人信息保护两者如何区分？
3. 侵犯隐私权和个人信息保护权益的法律后果？
4. 隐私权和个人信息保护权益被侵犯时，如何运用法律手段进行维权？

常见问题解答

问 **隐私权的范畴？**

答 隐私是自然人的私人生活安宁和不愿为他人知晓的私密空间、私密活动、私密信息。

问 **什么是“私人生活安宁”？**

答《民法典》规定，任何人不得实施“以电话、短信、即时通讯工具、电子邮件、传单等方式侵扰他人的私人生活安宁”的行为，可见非法跟踪、窥探、在他人信箱中塞垃圾邮件、精准诈骗和骚扰电话、定向推送广告骚扰等都属于侵犯私人生活安宁的行为。

问 **如何界定“私密空间”的边界？**

答《民法典》列举了住宅、宾馆房间等私密空间，但不限于此，饭店、公园、银行、车站等公共场所中也存在私密空间。私密空间不仅包括物理上的空间，也包括数字空间，如电子邮箱、微信群、钉钉群等。

问 **个人信息保护的范畴？**

答 个人信息是以电子或者其他方式记录的能够单独或者与其他信息结合识别特定自然人的各种信息，包括自然人的姓名、出生日期、身份证号码、生物识别信息、住址、电话号码、电子邮箱、健康信息、行踪信息等。

问 隐私权和个人信息保护有何不同之处？

答 (1)隐私权的含义：一是独处的生活状态不受侵扰，二是私生活秘密不受他人的非法披露。因此，对于隐私权的侵害方式主要表现为对他人隐私信息非法披露，对他人私生活安宁的骚扰、刺探。(2)个人信息中的部分会成为公民的隐私信息。公民对其个人信息享有的权益主要表现为支配和自主决定权，具体内容包括个人对个人信息被收集、利用等的知情权，以及自己利用或者授权他人使用的决定权等。因此，侵害个人信息主要表现为非法收集、利用、存储、加工或倒卖等形式。

问 车辆历史车况信息是否属于个人信息？

答 在某一案例中，法院经审理认为，历史车况信息不属于个人信息，具体理由如下：(1)历史车况信息无法单独识别特定自然人。历史车况报告重点信息包括车架号、车辆基本行驶数据、维保数据、碰撞数据、评分项目及具体评分等，未出现自然人身份信息、行踪信息、通信联系方式等能直接识别特定自然人的信息；(2)法院采用了社会公众的一般认知标准来判断历史车况信息是否涉及个人信息。从特征上看，案涉历史车况信息能综合反映所查车辆的日常损耗程度、未来发生故障可能性、未来使用寿命、损坏程度、安全系数等。车辆所有人对于自有车辆车况数据的敏感度更高，但从社会公众的一般认知来看，历史车况信息仅能反映所查车辆的使用情况，其内容不涉及具体个人，也不用于评价具体个人的行为或状态，无法关联到车辆所有人等特定自然人。

从日常生活经验来看，产生车况信息的主体不一定是特定自然人，多个自然人使用同一车辆的情况较为常见，如代驾司机、维修人员、近亲属和朋友等，故历史车况信息无法单独识别特定自然人，不属于个人信息。

问 在自家门口安装监控摄像头是否侵犯邻居的个人隐私？

答 核心在于判断家门口监控摄像头对公共区域通行人员是否造成实质妨碍。法院对监控摄像头安装情况现场勘察，勘察安装的监控摄像头可否360度旋转，拍摄范围是否覆盖邻居房屋入户门及门前公共走道，监控摄像头所有者是否可以通过手机等设备随时查看拍摄影像等问题。如果查明监控摄像头使邻居房屋人员进出情况均处于被监控之下，那么该安装在家门口的摄像头便涉嫌侵犯邻居的个人隐私。

问 侵犯个人隐私权和个人信息保护权益的法律后果？

答 这个问题需要结合个案分析，但就整体而言，侵犯个人隐私权和个人信息权益可能面临赔偿损失、赔礼道歉等民事责任，还可能面临行政处罚，甚至可能构成刑事犯罪。

问 隐私权和个人信息权益被侵犯时，除了刑事报案外，公民还能通过哪些手段维权？

答 公民还可以依据《民法典》的规定向法院提起民事诉讼，请求判令侵权方承担停止侵害、赔礼道歉和赔偿损失等侵权责任。《民法典》在传统侵权责任承担方式的基础上，增加了人格权行为禁令制度，规定民事主体有证据证明行为人正在实施或者即将实施侵害其人格权的违法行为,不及时制止将使其合法权益受到难以弥补的损害的,有权依法向人民法院申请采取责令行为人停止有关行为的措施。

问 侵犯个人信息保护权益是否可以提起公益诉讼?

答 可以提起公益诉讼。根据《个人信息保护法》第 70 条的规定可知,提起个人信息保护公益诉讼需要满足两个条件,一个是个人信息处理者违反本法规定处理个人信息,另一个是侵害众多个人的权益。提起公益诉讼的适格主体包括三类,分别是人民检察院、法律规定的消费者组织以及由国家网信部门确定的组织。

典型案例分析

案件名称:原告孙某某与被告北京百度网讯科技有限公司、第三人北京搜狐互联网信息服务有限公司人格权纠纷案

案号:(2019)京 0491 民初 10989 号

审理法院:北京互联网法院

案例来源:威科先行法律信息库

基本案情 原告在百度网站搜索其个人姓名，发现百度网站非法收录并置顶了原告在"chinaren 校友录"网站上传的个人账户头像(个人证件照)。原告咨询搜狐公司，搜狐公司称"chinaren 校友录"网站的服务器已于 2013 年关闭，照片为百度网站收录的图片快照。此后，原告通过百度网站下部的线上反馈渠道通知百度网站删除证件照，但该系统至今未进行任何处理。原告认为，在"chinaren 校友录"网站图片源地址已关闭的情况下，被告非法收录、存储涉及原告个人信息和个人隐私的图片，在收到通知的情况下仍不删除，泄露了其个人隐私和信息，应承担赔偿损失的责任。

法院观点 被告是中立的技术服务提供者，在涉案信息并非明显侵权的情况下，其在通知删除前对涉案信息是否构成侵权不具有预见的可能性，因此在通知删除前，不构成对原告个人信息权益的侵害。而在通知删除后，网络服务提供者应当及时采取必要措施以遏制侵权行为的扩大，被告具备通过屏蔽、断开链接等方式遏制侵权信息扩散的能力，并且采取遏制侵权信息扩散的措施不会不合理地增加被告的管理运营成本。但被告未采取任何措施致使涉案信息长期置于公开网络搜索结果中，致使涉案信息进一步扩散，故而被告应当对此承担侵权责任。

裁判结果 (1)被告北京百度网讯科技有限公司于本判决生效之日起 7 日内向原告赔偿经济损失 1 元；(2)被告北京百度网讯科技有限公司于本判决生效之日起 7 日内向原告赔偿维权费用 40 元。

律师分析 1. 在已停止提供产品或服务的情形下，删除个人信息是否是个人信息处理者的法定义务？

根据《个人信息保护法》第 47 条的规定，在特定情形下，个人信息处理者对个人信息应删除而未删除的，个人信息主体有权请求删除。本案中，“chinaren 校友录”网站的服务器已关闭，符合“个人信息处理者停止提供产品或者服务”的法定情形，被告作为个人信息处理者负有主动删除原告个人证件照的义务，被告应删除而未删除的，原告有权请求删除，并就对此给原告产生的损失诉请被告承担赔偿责任。

2. 个人信息处理者响应主体对其个人信息的查询、更正、删除的请求是否有期限限制？

根据《网络安全标准实践指南－移动互联网应用程序（App）收集使用个人信息自评估指南》的要求，个人信息处理者无法通过在线操作方式及时响应个人信息查询、更正、删除请求的，在承诺时限内（承诺时限不超过 15 个工作日，无承诺时限的，以 15 个工作日为限）完成核查和处理。本案中，对于原告请求删除个人证件照的响应，被告可参考评估指南的相关要求，在承诺期限内或 15 个工作日内予以处理。

037

校园体育活动中的“自甘风险”

FM99.6 厦门综合广播《新闻招手停》第 39 期

主持人：海蕾

主讲人：林以燕律师*、蔡博斐律师**

热点问题发现

1. 什么是《民法典》中的“自甘风险”？
2. “自甘风险”是否仅限于文体活动？
3. 校园文体活动中的风险如何分担？

常见问题解答

问 在校园文体活动中，出现伤害事件，有哪些主体需要承担责任？

答 法律针对不同主体规定了不同的权利义务。学校作为文体活动的组织者，有教育、管理的义务；学生作为活动的参加者，对这项活动的风险以及自身承担风险的能力也应该具备一定的认识，亦即《民法典》第1176条第1款规定的“自甘风险”规则：自愿参加具有一定风险的文体活动，因其他参加者的行为受到损害的，受害人不得请求其他参加者承担侵权责任；但是，其他参加者对损害的发生有故意或者重大过失的除外。

问 《民法典》规定的“自甘风险”在具体适用上需要注意哪些问题？

答 《民法典》明确规定“自甘风险”规则的适用要件。第一，所参加的文体活动本身存在风险，亦即该风险是该类文体活动所固有的内在危险性，不因组织者、参与者的不同而产生或消灭。第二，受害人认识到风险存在并且自愿参加。首先，“自愿”即排除了受害人被迫参加活动的情况。其次，该类文体活动具有的风险必须可以为受害人所认知，即此处的“认知”并非依照抽象理性人的标准，还应当考虑受害人的具体情况，包括年龄、精神状况、职业等。第三，所遭受的损害是由其他参加文体活动的人所造成，即行为人和受害人都必须是活动参加者。第四，通过“自甘风险”免责适用于行为人仅有一般过失或不存在过失的场景，换言之，受害人必须证明行为人主观上存在故意或重大过失，才能排除行为人引用“自甘风险”进行免责抗辩。

问 如何证明行为人的主观意图？

答 站在受害人的立场，行为人的主观意图并不十分具象，要直接证明行为人具有故意或重大过失也并非易事。实践中可以行为人在文体活动中实施该行为是否必要和合理作为判断的依据,并结合以下几个因素加以衡量。一是行为人的专业程度。比如,没有接受过专业训练的初中生参加篮球比赛,我们不能苛求他们具有职业篮球运动员的专业技术能力、包括身体控制能力等。二是活动的通常规则。比如,行为人是否知道篮球比赛的规则,他的行为是否明显构成恶意犯规、属于明知故犯等。三是行为逻辑是否符合活动特性。比如,行为人的行为,即便构成犯规,是否仍属于比赛过程中进攻和防守的正常范围等。

问 在过往的新闻中,不少有关人身损害事件的报道也出现了“自甘风险”的表述,与《民法典》规定的“自甘风险”有什么区别?

答 早在《民法典》颁布实施之前,虽然我国《民法通则》《侵权责任法》等都没有将“自甘风险”纳入法律文本,但在司法实践中,已经出现了适用“自甘风险”概念的相关案例,裁判者结合民法原则以及社会生活中朴素的正义观和是非观,形成了“自甘风险”就得自担责任的裁判规则,对于人们在从事社会活动时已经知道风险而自愿冒险的行为,法院倾向认为当风险出现的时候,应当由受害人自己承担责任和损害后果。但是《民法典》第1176条明确将“自甘风险”的适用范围限定在文体活动,并规定受害人的损害必须是由同属于活动参加人的行为所导致。所以在《民法典》颁布实施后,对于类似搭乘喝醉酒的司机所驾驶之汽车造成人身损害等不是发生在文体活动领域的事件,以及擅自到设有“禁止游泳”警示牌的水库游泳、参加马拉松、骑行等文体活动遭到损害,但这个损害并不是由其他参加人导致的,均排除了适用《民法典》第 1176 条中“自甘风险”的余地。

问 校园文体活动中的风险如何分担?

答 对于幼儿园、小学、中学以及其他针对不同年龄段学生的教育机构,在发生伤害事件时,所需要承担的责任不同。首先,《民法典》将不满 8 周岁界定为无民事行为能力的阶段,对于这一部分人群在幼儿园、学校或者其他教育机构学习、生活期间受到人身损害的,推定幼儿园、学校或者其他教育机构应当承担侵权责任;只有在教育机构能够证明自己已经尽到教育、管理职责,比如注意义务和安全保障义务等,才不承担侵权责任。8 周岁以上、不能辨认自己行为的未成年人,也参照适用这一规定。其次,8 周岁以上的未成年人和不能完全辨认自己行为的成年人属于限制民事行为能力人,当这部分人群在学校或者其他教育机构学习、生活期间受到人身损害的,如果受害人能够证明教育机构未尽到《义务教育法》《未成年人保护法》等法律法规规定的职责,使得限制民事行为能力人在学习、生活期间受到人身损害,学校或者其他教育机构就要承担责任。这里适用的是一般过错责任原则,换句话说,只有在受害人能够举证证明学校或教育机构存在过错行为的前提下,才能要求其承担责任。最后,针对无民事行为能力人或者限制民事行为能力人在幼儿园、学校或者其他教育机构学习、生活期间,受到幼儿园、学校或者其他教育机构以外的第三人人身损害的，法律规定是由第三人承担侵权责任；幼儿园、学校或者其他教育机构未尽到管理职责的，承担相应的补充责任，并且在承担补充责任后，可以向第三人追偿。

问 在校园伤害事件中，如何判断学校是否尽到教育、管理职责？

答 除了上述《民法典》所规定的，学校在一定的条件下，需对未成年人在校园内所遭受的伤害承担一定的民事责任，《未成年人保护法》《义务教育法》《学生伤害事故处理办法》《幼儿园管理条例》《中小学幼儿园安全管理办法》《未成年人学校保护规定》等大量行政主管部门规章也对学校应尽的教育管理职责范围作了进一步规定。其中教育部制定的《学生伤害事故处理办法》第 9 条列举了 12 种应由学校承担责任的情形，比如，学校组织学生参加教育教学活动或者校外活动，未对学生进行相应的安全教育，并未在可预见的范围内采取必要的安全措施的；学校教师或者其他工作人员在负有组织、管理未成年学生的职责期间，发现学生行为具有危险性，但未进行必要的管理、告诫或者制止的……出现类似这样的情况，学校都要承担一定责任。

问 尽到教育、管理职责，学校需要注意哪些事项？

答 学校应当依法建章立制，建立健全校园管理制度、落实各项保护职责；增强家校沟通机制，同家长签订安全责任书，由家长配合做好学生安全工作；落实校方的直接责任人和首问负责机制，校长、校领导和全体教职工要履行法定义务、各司其职，并通过制度规范工作流程、通过校内考评机制促进保护工作开展；在日常管理中，学校还可以通过普法宣讲的形式加强学校安全教育，增强未成年人的自我保护意识，在发现学生行为具有危险性时，对学生进行必要的管理、告诫或者制止等。

典型案例分析

案件名称：上诉人胡某与被上诉人黄某1、黄某、胡某1生命权、身体权、健康权纠纷案

案号：(2021)鄂01民终3508号

审理法院：武汉市中级人民法院

案例来源：中国裁判文书网

基本案情 胡某、黄某1均系武汉市七一华源中学八年级学生。2019年3月11日，在校内体育课组织的篮球比赛中，黄某1自胡某身后断球，二人在运动中发生身体接触后胡某摔倒受伤。随后胡某家长将其送医治疗，胡某入华中科技大学同济医学院附属协和医院手术、住院17天，共支出住院医疗费用59,566.95元，出院诊断为右侧尺、桡骨骨折，出院医嘱包括注意休息，加强营养，1个月后门诊复查，据病情调整治疗，在医师指导下进行患肢功能康复训练等。

法院观点 本案中，胡某虽为限制民事行为能力人，但能够从事与其年龄、体力、智力相当的文体活动，追逐运动乐趣则必须承受这些正常、合理的风险，其对于比赛过程中可能出现的碰撞、拉扯风险，应当有所认知和预见，但其仍然自愿参加比赛，应当认定为自甘风险。胡某上诉主张黄某1在篮球比赛中存在故意推撞，但根据本案查明的事实看，在高度紧张的比赛中胡某、黄某1均没有过多时间考虑、判断自身的每一次行为，因此在这种情况下的注意义务应限制在更宽松的体育道德和规则范围内，黄某1在胡某身后右侧断球行为属于该类运动的正常技术动作，不存在故意违反比赛规则的情形，故不应当将其认定为故意或重大过失。故胡某在篮球运动过程中遭受运动伤害的风险应由其自行承担。

裁判结果 驳回胡某的诉讼请求。

律师分析 篮球运动是一种具有相当程度对抗性的竞技体育项目，队员之间在防守、进攻等运动行为中会进行激烈的身体碰撞，在某些时候甚至存在做出技术犯规动作的现实可能性。篮球比赛攻防交换的节奏极快，运动中身体接触的频率及概率相较一般运动更高，更容易产生可能导致运动伤害的风险，这也是篮球运动所固有的风险。因篮球运动中常规性身体接触带来的碰撞伤害是常见现象，行为人在参加篮球等竞技体育运动时，应充分认识并接受其造成人身伤害的危险性和可能性。

本案中，黄某1、胡某在学校体育课上已接受了篮球运动的相关基础知识，并能参加一定强度和对抗性的篮球比赛，表明双方都有接受体育运动造成的危险并自愿承担潜在伤害风险的意愿。而具体在本案中，风险系因黄某1在从胡某身后右侧进行断球时发生，彼时二人同时处于运动中，不可避免地产生了身体上的碰撞，且黄某1运动方向与目的均相对明确地指向了争夺胡某控制中的篮球，在无其他证据佐证的情况下，难以认定黄某1存在故意造成胡某身体伤害的主观因素。根据《民法典》所规定的过错责任原则以行为人故意或过失为归责的根据和最终要件，黄某1、胡某自愿参加篮球运动，黄某1主观上没有伤害胡某的故意，客观上也没有证据足以证明其对胡某受伤害结果存在重大过失，而本案中胡某也未举示具有高度盖然性的证据证明其所受伤害超出其自身所能预见和承受的风险范围之外。因此，黄某1不应就胡某自愿参加篮球运动产生的人身伤害承担责任，同时，胡某明知篮球运动的危险性而自愿参加比赛、承担潜在风险，属于《民法典》第1176条所规定的“自甘风险”，故对胡某要求黄某1、黄某、胡某1承担侵权赔偿责任的诉讼请求，法院不予支持。

---

* 林以燕律师，厦门大学法学院法学本科，福建旭丰律师事务所公司业务部、婚姻家庭与财富传承业务部委员。

** 蔡博斐律师，福建师范大学民商法学硕士，福建旭丰律师事务所公司业务部副主任、金融业务部委员，入选厦门市优秀青年人才库。

038

《民法典》之校园侵权知多少

FM99.6 厦门综合广播《新闻招手停》第40期

主持人:海蕾

主讲人:柳冰玲律师*、吴思娴律师**

热点问题发现

1. 学生受伤了,学校承担侵权责任有什么区别?
2. 课间打闹受伤,玩伴家长是否要承担侵权责任?
3. 学生受伤了,家长如何维权?

常见问题解答

问 什么是《民法典》中的"校园侵权"?

答 校园侵权一般是指在学校组织的活动中以及在学校

有管理责任的场所内发生的，造成在校学生人身损害，受伤、残疾或者死亡的事故。“学校”的范围包含了幼儿园、中小学、各类职业学校、高等学校以及课外辅导班、少年宫等教育机构。

校园侵权主要有三个特征：第一，受害主体的特殊性，需要是在本校学习、生活的学生。第二，损害地点的特殊性，必须是学校内部或者是学校组织校外活动的场所。第三，损害时间的特殊性，应当发生在在校学习、生活以及学校组织的补习或者活动期间。因此，可以通过主体、时间、地点三个特征来判断校园侵权。

问 哪些主体可能需要对校园侵权承担责任？

答 在校园侵权中，需要承担责任的主体可能包括学生、家长、学校以及相关的第三人。

首先，学校对在校学习、生活的学生承担教育、管理职责，若学生在学校管理范围内受伤，且学校没有尽到上述责任，导致学生受到伤害，那么学校就需要承担一定的责任。例如，学校老师看到学生在桌椅间推搡，却没有及时教育、制止学生，导致学生摔倒受伤，这种情况下学校就需要承担责任。

其次，导致同学受伤的学生也可能需要承担责任。而因为学生一般都还未成年，不具备完全的民事行为能力，因此产生的侵权责任通常需要由监护人，也就是家长来承担。当然，如果受伤的学生本身也有过错，也需要自己承担部分责任。

最后,学生在校期间受到校外第三人侵害的,第三人应当承担侵权责任。例如,多地都曾发生过歹徒持刀闯入学校伤害学生的事故,此种情况下就应该由恶意闯入的第三人承担主要的赔偿责任。

问 学校承担责任的大小是否和学生年龄有关?

答 根据《民法典》第1199条、第1200条的规定,对于不同行为能力的学生,学校承担的责任有所不同。

对于受害人是无民事行为能力人(通常指8周岁以下)的情况,学校适用过错推定责任,也就是推定学校需要承担侵权责任,除非学校能够主动证明已经尽到了教育、管理的义务,才能免除责任。这一方面是考虑到此类学生年龄较小、危险预防和控制能力相对不足,缺乏足够的认知能力,难以对遭受的损害进行说明、举证。另一方面也是为了督促学校对年龄较小的学生采取更加完善的安全措施,更好地保护未成年学生。

而对于受害人是限制民事行为能力人(通常指8周岁以上,18周岁以下)的情况,学校适用较为宽容的过错责任,也即不再推定学校存在过错,而是要求学生举证证明学校没有尽到教育、管理的职责,学校才需要承担侵权责任。这主要是因为此类学生已经有了一定的生活经验和认知能力,能够对事件的性质和原因作出判断和理解,从而证明相关主体的责任。

问 什么是学校的"教育、管理职责"？

答 校园侵权常发生在学生上下楼梯、追逐打闹、体育活动等情况下，主要可从以下几个方面判断学校是否尽到教育、管理义务：第一，学校的校舍、场地、公共设施是否符合国家规定的标准、有无按时检修，是否存在器材老化、零件脱落等明显不安全的因素。第二，学校的安保、消防、设备管理制度有无明显的疏漏，或是管理混乱却没有及时调整的情况。第三，学校和老师组织开展相关活动前是否有对学生进行安全教育和活动规则教育。第四，学校是否有在可预见的范围内采取相应保障学生安全的措施，例如，学生上学、放学期间校门口防冲撞的隔离护栏、门卫手里防止歹徒袭击的钢叉等。第五，学校是否了解学生的身体健康情况，如果学生存在特异体质或者特殊疾病，不适合参加某种教学活动，学校是否有予以必要的注意。此类情况需要老师在学生入学时就特别了解，如果学生有哮喘、心脏病等不适合剧烈运动的疾病，就需要特别关注。第六，学校教师或者其他工作人员，是否有体罚或者变相体罚学生，抑或其他违反工作要求、职业道德的情形。第七，学生在校期间突发疾病或者受到伤害，学校是否根据情况及时采取相应救助措施，例如立即送受伤的孩子就医，甚至在平时就对老师进行基础的医疗救治方法培训，使老师在第一时间可以采取一定的急救措施。

上述情况均属于学校应当尽到的教育管理职责，如果有所疏漏，均可能导致学校需要承担校园侵权责任。

问 学校可以从哪些方面防范校园侵权？

答 第一，做好新生入学时的信息登记，要求填写《健康情况登记表》，向家长告知学校了解学生真实身体情况的重要性，强调家长不得漏报、瞒报，如果学生有特异体质或者特殊疾病，学校才能够注意并避免安排一些活动。第二，加强学校安全制度管理，制定、完善体育活动、课外活动的规章制度。例如，制定课间巡查制度、制定活动安全预案等。第三，督促教师提高安全教学意识。例如，做好课前准备、检查教学设备设施的安全、维持活动纪律等。第四，加强对学生的日常安全教育。学校可以通过出板报、写征文、主题演讲等方式开展安全教育活动。第五，学校需要积极履行对教师和其他工作人员的管理责任，明确禁止体罚或者变相体罚学生，对违反工作规程、职业道德的行为及时追究责任。第六，及时、妥善处理校园安全事故。例如，学校应该在发生事故之后，最短时间内救助学生、通知家长、查明责任人、保护现场、向上级教育主管部门汇报。

问 学生受伤了，家长如何维权？

答 一旦孩子在学校遭受人身损害，作为家长首先应在第一时间将孩子送往医院救治。其次，及时向学校以及孩子本人了解清楚孩子遭受人身损害的时间、地点、起因、经过和结果，在有条件的情况下及时收集并固定相关证据，如监控视频、在场其他同学或老师的证言等。最后，对于遭受的损失，应保存好医院的就诊记录、结算单等，通过和侵权人、侵权人家长以及学校协商解决。在协商过程中，家长也需要有一定的证据意识，通过录音、录像等方式进行记录，如果协商不成，家长可以提交有关证据，向法院起诉，维护孩子的合法权益。

典型案例分析

案件名称：马某某与北京某学校
生命权、健康权、身体权纠纷案

案号：(2016)京0112民初38814号

审理法院：北京市通州区人民法院

案例来源：中国裁判文书网

基本案情 马某某系某学校学生。代表学校参加北京市青少年柔道冠军赛，在比赛过程中被对手摔伤。马某某受伤后，学校通知了家长，马某某当日被送往医院治疗，其伤情被诊断为骨折。马某某要求学校承担赔偿责任，请求法院判令学校赔偿医疗费、住院伙食补助费、护理费、营养费、伤残赔偿金、精神损害抚慰金、鉴定费、交通费等147,497.04元。

学校辩称：(1)马某某受伤之前一直在体校训练，并且曾在北京市青少年柔道锦标赛中获奖，故马某某代表学校参加比赛，是能够胜任的，其代表学校参赛,学校没有过错。(2)体育比赛有一定危险性,马某某应当能够预见受伤的风险,马某某的受伤不是学校的行为造成的,属于意外事件。(3)马某某受伤后,学校教练马上通知赛会组织者进行紧急治疗,并安排其他老师带马某某去医院就医,且学校已经为原告支付了大部分的医疗费以及护理费、营养费、误工费等费用,故被告在处理原告受伤过程中不存在过错。

法院观点 本案中,学校组织马某某代表学校参加具有对抗性、风险性的柔道竞技比赛,学校理应预见到可能存在的危险,加强对学生的管理和安全保障,赛前告知相关风险,制定相关预案,而马某某当时系未成年人,在学校的安排下从事比赛活动,处于实际脱离父母监护的状态,则学校理应承担较大的注意义务和安全保障义务。学校虽然主张其告知了原告比赛风险、在原告受伤后将原告送往医院治疗,但根据其提供的证据,不足以证明其已经尽到完全的管理和组织责任,故对原告因伤所造成的合理经济损失应承担相应的赔偿责任。依据原告的年龄状况和认知能力,柔道比赛活动是与其年龄相符的活动之一,其对参加体育竞技运动中的风险应当具有一定预见性,并在运动过程中注意保护自身,现马某某在比赛中受伤,其亦应自行承担部分损失。法院综合考虑案件具体情况,酌定马某某和学校承担的责任比例分别为10%和90%。

裁判结果 (1)除已给付的医疗费、住院伙食补助费、护理费、营养费、交通费等共计人民币102,698.21元外,被告某学校再行连带赔偿原告马某某剩余医疗费、残疾赔偿金、鉴定费、精神损害抚慰金等共计人民币92,417.52元。(2)驳回原告马某某的其他诉讼请求。

律师分析 根据《民法典》关于教育机构校园侵权责任的规定,学校对未成年人依法负有教育、管理、保护的义务,若学校未能尽到职责范围内的相关义务致使未成年人遭受人身损害,或者未成年人致他人人身损害的,应当承担与其过错相应的赔偿责任。

在本案例中,原告代表被告参加比赛,在比赛过程中受伤,尽管事故并非发生在校园内部,但学校应被视为该比赛活动的组织者,对学生负有主要的安全保障、教育管理义务。尽管原告具有一定的认识和判断能力,但被告不能以此为由推脱自身的过错责任,尤其是面对具有较高风险性、对抗性的竞技活动,在鼓励学生参与的同时,学校有义务进行事前安全提示并在能力范围内降低可能风险。而本案被告提供的证据,不足以证明其已经尽到完全的管理和组织责任,因此,其诉讼中提出事故属于意外事件的抗辩,主张自身赔偿责任的豁免无法得到法院的支持。此外,由于本案原告有长期的体育训练经历,对比赛对风险有一定的认知,亦需要自负部分风险责任。

未成年人在上学期间遭遇校园侵权的情况较为常见,某些是同学之间的侵权导致的损害,某些无法找到事故原因或者属于意外事件,但无论是哪种情况，学校是否需要承担责任，都要看学校在事故发生前后有没有对未成年人的人身安全进行保护，学校安全制度的管理有没有尽到职责范围内的义务，如果学校没能尽到相应的职责，就可能承担相应的责任。因此，在事故发生后，家长应克制慌乱，及时要求学校调查事故原因，固定相应的证据和责任，若最终与学校无法协商，也可以保留相应提起民事诉讼的权利。

---

* 柳冰玲律师，厦门大学法学院民商法学硕士；福建旭丰律师事务所行政与政府法律顾问专业委主任；厦门市中级人民法院调解员、厦门大学法学院授课老师（兼职）、厦门市律师协会政府法律顾问专业委员会委员、厦门电视台嘉宾。

** 吴思娴律师，厦门大学法学院法学学士，福建旭丰律师事务所民事、行政与政府法律顾问专业委委员。

Part Five

第五编 人格权

5

039

如何守护我们的“脸面”？

FM99.6 厦门综合广播《新闻招手停》第36期

主持人：海蕾

主讲人：李苏律师、黄芳律师

热点问题发现

1. 在微信群里曝光他人照片是否侵犯肖像权？
2. 如何合理地使用他人肖像？
3. 肖像权被侵犯，怎么办？

常见问题解答

问 法律上是如何界定肖像及肖像权？

答 《民法典》第1018条对何谓肖像及肖像权进行了明

确的规定。该条第2款规定:“肖像是通过影像、雕塑、绘画等方式在一定载体上所反映的特定自然人可以被识别的外部形象。”同时该条第1款对自然人享有肖像权的权利内容作出了明确规定,即“自然人享有肖像权,有权依法制作、使用、公开或者许可他人使用自己的肖像”。

问 肖像概念中所指的“可以被识别的外部形象”主要是指面部形象吗?

答 肖像虽然是以人的面部特征为主要内容,但不仅仅局限于面部形象。只要能够呈现出自然人的外部形象,并且可以使他人清楚识别出该外部特征属于某个特定的自然人,那么这种外部形象就属于肖像。

问 除了自然人享有肖像权,其他的主体如法人、游戏里的虚拟角色是否享有肖像权?

答 肖像作为特定自然人外部形象最明显的标志,并且关系到自然人的社会评价,是自然人最重要的主体性要素之一,自然人的肖像权是人格尊严的基本内容,因此,肖像权是自然人独有的权利。法人、非法人组织不享有肖像权,游戏、动漫中的虚拟角色形象也不享有肖像权。尽管游戏、动漫中虚拟角色形象不享有肖像权,但是这些角色形象包含的具体元素,如角色的面部、身体、五官、肤色等特征具有独创性的,则属于美术作品,受我国《著作权法》的保护。

问 侵犯他人肖像权的行为具体有哪些?

答《民法典》第1019条第1款规定:“任何组织或者个人不得以丑化、

污损,或者利用信息技术手段伪造等方式侵害他人的肖像权。未经肖像权人同意,不得制作、使用、公开肖像权人的肖像,但是法律另有规定的除外。”按照本条规定,除法律另有规定外,只要是未经肖像权人同意的制作、使用、公开肖像权人肖像的行为,均属于侵权行为。这条规定与我国以前关于肖像权的规定即《民法通则》第100条“公民享有肖像权,未经本人同意,不得以营利为目的使用公民的肖像”规定相比,有一个明显的修改之处,即删除了“以营利为目的”的构成要件,这有效避免了肖像权保护范围的不当缩小,无疑彰显了肖像权作为人的基本权利属性,有利于加强对肖像权的保护。

问 就侵害肖像权行为的认定,《民法典》删除“以营利为目的”的原因是什么?

答 在司法实践发现,现实生活中存在大量不以营利为目的侵害肖像权的行为。例如,未经肖像权人同意制作其肖像的行为,未经肖像权人同意利用其肖像的行为,侮辱性或其他不当使用肖像权人肖像的行为等。在互联网环境下,相当一部分侵害肖像权的行为以恶意损害或者是恶作剧的形式出现,对肖像权的侵害往往不以营利为目的,或者难以认定侵害肖像权的行为具有营利性。在这样的情况下,以前的《民法通则》及相关司法解释规定的肖像权的保护模式就难以有效保护肖像权人、制裁加害人。据此,《民法典》删除了“以营利为目的”的构成要件。

问 若不以营利为目的，将名人或他人的头像通过 PS 技术合成其他影像并在网络上公开的行为，是否属于侵犯他人肖像权的行为？

答 确实如此，根据《民法典》第 1019 条第 1 款的规定，任何组织或者个人不得利用信息技术手段伪造等方式侵害他人的肖像权。因此，这些行为虽不以营利为目的，但通过 PS 技术为明星或他人更换头像，属于《民法典》明文规定的侵犯肖像权的行为方式，侵害了肖像权人肖像利益的完整性，应承担相应的侵权责任。

问 旅行拍风景的时候，若拍到陌生人，是否属于侵犯肖像权的行为？

答 旅行的游客在人群密集的风景点拍摄以风景为画面主体而不是以特定自然人为画面主体的风景照，确实不可避免地会将在场其他游客的肖像摄入照片之中，此类行为不存在不正当性，不属于侵害肖像权的行为。

问 哪些行为属于合理实施他人肖像权的行为？

答《民法典》第 1020 条明确合理实施以下五种行为，可以不经肖像权人同意，具体为：(1) 为个人学习、艺术欣赏、课堂教学或者科学研究，在必要范围内使用肖像权人已经公开的肖像。(2) 为实施新闻报道，不可避免地制作、使用、公开肖像权人的肖像。(3) 为依法履行职责，国家机关在必要范围内制作、使用、公开肖像权人的肖像。(4) 为展示特定公共环境，不可避免地制作、使用、公开肖像权人的肖像。(5) 为维护公共利益或者肖像权人合法权益，制作、使用、公开肖像权人的肖像的其他行为。

问《肖像许可使用合同》到期后，未经肖像权人同意，持续保留在自媒体平台上发布的图片，是否属于侵犯他人的肖像权的行为？

答 该问题涉及的是网络空间中公民的肖像保护与合理使用问题，若双方在签署《肖像许可使用合同》时确实有约定，对方可以在肖像使用期内于微博、微信、抖音上发布含有肖像权人的宣传图片，那么对方的行为符合合同的约定；鉴于肖像的使用并不限于发布行为，发布行为的即刻完成并不代表肖像使用行为的终止，持续留存于自媒体平台仍是肖像使用的基本形式。根据前面的介绍，《民法典》第 1019 条已明确，除了法律另有规定外，未经肖像权人同意，不得制作、使用、公开肖像权人的肖像，据此，持续保留没有删除在自媒体平台上发布的图片，仍属于侵犯肖像权的行为。

问 肖像权被他人侵害，如何维权？

答 如果双方有合同约定，对方违反合同约定使用肖像的，可以根据合同约定的违约责任来进行维权，也可以从侵权的角度主张权利；若双方没有合同约定，肖像权被他人侵害，可以根据被侵权展现形式的不同来采取不同的处理方式。我们可以采取以下方式。第一，直接要求侵权人停止侵权、赔礼道歉、消除影响、赔偿损失等；第二，直接向展现侵权行为的平台、网站、视频类的相关第三方要求其采取删除、断开链接等方式来维护权益(第三方平台如果未及时处理导致影响扩大,应就扩大部分承担一定的赔偿责任);第三,保留好证据的情况下通过诉讼来要求侵权人停止侵权、赔礼道歉、赔偿损失等。

问 肖像权被他人侵害后,如何保留证据?

答 现代的通信及媒体的多样性导致我们被侵权展现的形式亦不同,我们可以根据不同的展现形式来采取不同的取证方式。第一,保留好即时通讯信息,以防止误删;第二,用录音录像设备对侵权的视频或网页进行录音录像;第三,使用第三方区块链工具进行网页的取证;第四,到公证处对网站、视频、即时通信信息等内容进行公证。

典型案例分析

案件名称:叶某诉安贞医院、交通出版社、广告公司肖像权纠纷案

审理法院:北京市第二中级人民法院

案例来源:公报案例

基本案情 叶某诉称,曾在中国人民解放军空军总医院星源激光医疗中心(以下简称激光中心)就脸部先天的青黑色斑痕进行治疗,治疗效

果良好。2001 年 10 月,发现被告交通出版社在其出版发行的《北京交通旅游图》上,刊登由被告广告公司经营的被告安贞医院的广告。该广告使用了叶某治疗脸部斑痕前后的照片作为病案。后查《北京交通旅游图》已经十几次刊登这张照片,按地图上的记载,每次印数高达 50 万份。据此主张被告安贞医院、交通出版社和广告公司的上述行为侵害了自己的肖像权。请求判令被告立即停止侵害,消除影响,赔礼道歉,并赔偿精神损失 10 万元。北京安贞医院辩称,这是一张局部照片,照片中人物的眼睛以上部分被遮挡,不能证明是叶某。照片只占地图上很小一部分,不会带来严重影响,且医院使用这张照片也未获利,没有侵害侵犯叶某的肖像权。

法院观点 肖像权,是肖像人对自己的肖像依法享有的制作、使用专有权及利益维护权。原告叶某所诉的这张照片,只有脸上的鼻子和嘴部分,不是完整的特定人形象。这张照片不能反映特定人相貌的综合特征,不能引起一般人产生与特定人有关的思想或感情活动,因此不是法律意义上的肖像。叶某据此照片主张保护肖像权,理由不能成立。

裁判结果 驳回原告叶某的诉讼请求。

律师分析 根据《民法典》第 1018 条第 2 款的规定,肖像是通过影像、雕塑、绘画等方式在一定载体上所反映的特定自然人可以被识别的外部形象。肖像的特征,除自然人与其肖像在客观上相互独立,成为能让人力支配的物品外,还具有完整、清晰、直观、可辨的形象再现性或称形象标识性。这里所说的形象,是指自然人相貌综合特征给他人形成的、能引起一般人产生与该自然人有关的思想或感情活动的视觉效果。画像、照片等载体,如果其内容不能再现自然人的相貌综合特征,不能引起一般人产生与该自然人有关的思想或感情活动,一般人不能直观清晰辨认该内容就是该自然人的形象,这样的载体不能称为肖像。如果载体所表现的内容,只有凭借高科技技术手段进行对比,才能确定这是某一自然人特有的一部分形象而非该自然人清晰完整的形象,一般人不能凭直观清晰辨认载体所表现的内容就是该自然人,则这一载体也不能称为该自然人的肖像。该自然人只是载体所表现内容的原型,不是肖像人。由于这样的载体所表现的内容不构成肖像,相关自然人也就对这一内容不享有肖像权。具体到本案,《北京交通旅游图》上刊登的自然人面部局部器官照片,不能体现该自然人的外貌视觉形象,本身不构成肖像。叶某据此照片主张保护肖像权,无法得到法院的支持。①

① 参见最高人民法院民法典贯彻实施工作领导小组主编:《中华人民共和国民法典人格权编理解与适用》,人民法院出版社2020年版,第238页。

040

《民法典》时代，公民个人不当言行对他人及商家名誉权侵权的法律问题

FM99.6 厦门综合广播《新闻招手停》第 37 期

主持人：海蕾

主讲人：沈玉洪律师、赖丽华律师

热点问题发现

1. 公开张贴贬损他人的公告、字报构成名誉权侵权吗？
2. 在微网络社交平台发布不当言论是否涉及名誉权侵权？认定名誉权侵权应具备哪些构成要件？
3. 公民死亡后，还享有名誉权吗？
4. 擅自曝光他人微信聊天记录或上传他人短视频是否侵犯他人名誉权？

常见问题解答

问 法律上如何界定名誉与名誉权以及名誉侵权行为?

答 根据《民法典》第 1024 条第 2 款的规定,名誉是指对民事主体的品德、声望、才能、信用等的社会评价。名誉权系公民享有的就其自身特性所表现出来的社会价值而获得社会公正评价的权利。《民法典》第 1024 条第 1 款规定,民事主体均享有名誉权。任何组织或者个人不得以侮辱、诽谤等方式侵害他人的名誉权。侵害名誉权的方式有书面、口头等形式,侵权行为不区分空间,不仅包括现实生活中的侵权还包括网络公共空间侵权。侵犯名誉权的不当言论,是指该言论具有公然丑化他人的人格和名誉,如故意宣扬他人的隐私或歪曲、捏造事实的虚假言论,该言论能达到降低他人社会评价,凡有使用侮辱性、贬损他人名誉的言论。被侵名誉权的主体不仅包括对明星、名人与普通公民自然人民事主体,还包括法人、非法人组织的名誉权侵权。名誉权受到侵害时,受害人有权请求侵权人承担民事责任。

问 对外拉横幅、张贴贬损他人的公告、字报构成名誉权侵权吗?

答 通过对外张贴公告、小字报、拉横幅达到贬损他人、单位降低他人或单位社会评价,或有虚构事实的字报同样会涉及名誉权侵权。例如,物业公司对业主名誉权侵权的案件。物业公司与所管理小区中个别业主因选聘物业服务企业存在矛盾,物业公司先后在该小区的楼门、公告栏、业主家防盗门上张贴含有明确业主姓名，指责业主存在破坏小区环境、公共设施，不服从管理、侮辱物业公司工作人员、阻止业委会选举的公告和小字报，业主遂提起名誉权侵权之诉。该案经法院审理，认定物业公司侵犯业主名誉权成立，判决物业公司立即停止侵权，为业主清除张贴在业主居住房屋防盗门上、在小区一期、二期公告栏处的公告资料，并赔礼道歉。另因情感纠葛引发的名誉权侵权案件也不在少数。在曾经办的案件中，婚姻中妻子发现丈夫出轨，通过对外公开张贴具有诽谤、贬损该女子内容的传单、小字报进行泄愤，也构成对他人名誉权的侵权。该案受害人提起名誉权侵权诉讼，请求侵权人立即停止对被侵权人名誉权侵权、消除影响、恢复名誉并公开赔礼道歉，赔偿其精神损害抚慰金若干元，一审、二审法院经审理均予以支持。

问 在微信群、朋友圈、微博等网络社交平台发布不当言论是否一定构成名誉权侵权？

答 认定名誉权侵权要具备构成要件应当区分现实生活中的一般名誉权侵权和网络名誉权侵权。针对一般名誉权侵权要符合四个构成要件才能成立，即受害人确有名誉被损害的事实、行为人行为违法、违法行为与损害后果之间有因果关系（是基于同一事实发生的）、行为人主观上有过错来认定；针对网络名誉权侵权除了应当符合名誉权侵权的全部构成要件外，还要考虑信息网络传播的特点、网络公共空间属性并结合侵权主体、传播范围、涉及知晓人数、点击率、转发率、损害程度等具体因素进行综合判断。在微信群、朋友圈、微博等网络社交平台发布的不当言论,要具备侵犯受害民事主体名誉权的事实存在,有公然丑化他人的人格和名誉,故意宣扬他人的隐私或歪曲、捏造事实的虚假言论,该言论能达到降低他人社会评价,凡有使用侮辱性、贬损他人名誉的言论才构成名誉权侵权,并非所有不当言论均构成对受害民事主体名誉权的侵犯。

问 公民死亡后,还享有名誉权吗?

答 公民死亡后,从法律层面上讲不再是《民法典》中的民事主体,不再享有民事权利、承担民事义务,死者不享有名誉权。但死者生前享有的名誉仍受法律保护,其个人的名誉仍不得受到侵犯。我国死者名誉保护的第一案"荷花女案"是我国首例在司法实践中确认保护死者名誉的案件,开启了保护死者人格利益的先河。2021 年施行的《民法典》第 994 条就对死者人格利益保护包括名誉保护作出了明确规定:死者的姓名、肖像、名誉、荣誉、隐私、遗体等受到侵害的,其配偶、子女、父母有权依法请求行为人承担民事责任;死者没有配偶、子女且父母已经死亡的,其他近亲属有权依法请求侵权行为人承担民事责任。

问 对牺牲的英雄、革命烈士的名誉进行侵权,会构成侵害英雄烈士名誉、荣誉罪吗?与一般公民死亡后名誉侵权有何不同?

答 死者已不具有《民法典》上的民事主体身份,变成物,不具有名誉权,但死者的名誉受法律保护。侵害英雄烈士的名誉与侵犯普通公民名誉有所不同。《刑法修正案(十一)》第299条第1款规定了侵害英雄烈士名誉、荣誉罪,只要“侮辱、诽谤或者以其他方式侵害英雄烈士的名誉、荣誉,损害社会公共利益,情节严重的,处三年以下有期徒刑、拘役、管制或者剥夺政治权利”。侵害英雄烈士名誉,达到情节严重的,会构成侵害英雄烈士名誉、荣誉罪,须追究侵权人的刑事责任。而侵犯一般公民死者名誉的,则依据《民法典》的相关规定,通过民事诉讼途径救济,侵权人承担的系民事责任,两者承担法律后果完全不同。在“辣笔小球案”中,对侵权人仇某明诋毁贬损卫国戍边官兵祁某宝、陈某军、陈某榕、肖某远、王某冉的英雄事迹,在网络上产生的恶劣影响,法院判处仇某明构成侵害英雄烈士名誉、荣誉罪,判处有期徒刑8个月。

问 擅自曝光他人微信聊天记录或上传他人短视频是否侵犯他人名誉权?

答 未经他人同意擅自曝光他人微信聊天记录及上传他人视频,是否构成网络名誉权侵权要具体问题具体分析,对上传的微信聊天记录或短视频,着重要对上传的内容,上传的网络空间、受众对象与人数、有无涉及宣扬他人隐私、故意降低他人社会评价来判定。网络虚拟空间不是法外之地,如果擅自在网络公间公布他人隐私或上传与他人聊天记录、短视频来降低他人社会评价的,构成名誉权侵权行为。侵犯名誉权的同时偶尔还会侵犯他人隐私权。比如,妻子在丈夫熟睡时,查看丈夫手机,发现丈夫与其他女子有私情,为了报复,在未经丈夫(权利人)同意下,擅自处理他的私密信息,将其双方聊天记录进行截图,通过丈夫的微信发送到相关的工作群或朋友圈,致其丈夫及女子名誉受损社会评价降低的,该行为就构成对二人的名誉权与隐私权侵权。违反了《民法典》第 991 条、第 1033 条的规定(除权利人明确同意外,任何组织和个人不得实施侵犯他人隐私权的行为包括不限于拍摄、窥视、窃听、公开他人的私密活动、处理他人的私密信息、以其他方式侵害他人的隐私权)。

问 在购物网站或培训网中,客户给差评,会构成对商家名誉权侵权吗?

答 网络差评给商家带来的负面评价不一定会构成对商家名誉权的侵权问题,是否构成对商家名誉权侵权要以评价内容是否为客观真实、选择投放公开差评的网络空间,差评的目的和动机综合考虑。作为消费者,有对不满意商品或服务给出差评的权利,而商家对差评有一定的容忍义务。如果消费者只是对生产者、经营者、销售者的产品质量或服务进行批评,不应当认定为侵害他人名誉权。最高人民法院在《关于审理名誉权案件若干问题的解释》(已失效)中作出明确规定,但借机诽谤、诋毁、损害其名誉的,应当认定为侵害名誉权。根据最高人民法院《关于审理利用信息网络侵害人身权益民事纠纷案件适用法律若干问题的规定》,如果网络用户或者网络服务提供者未采取诽谤、诋毁等手段,损害公众对经营主体的信赖,降低其产品或者服务的社会评价,经营主体请求网络用户或者网络服务提供者承担侵权责任的,人民法院是不予支持的。

典型案例分析

案件名称:李某木诉汪某武名誉权侵权纠纷案

案号:(2021)闽01民终521号

审理法院:福州市中级人民法院

案例来源:中国裁判文书网

基本案情 李某木与汪某武系某项目合伙人。2020年10月初汪某武利用微信在共5名微信群成员的某合伙项目群中发布了一条信息,内容:李某木是狗生的,说某房款是为汪某武还债……李讲的话是狗生的人才会讲的出来",并于当日晚上又发布"帮我群发"的信息。后汪某武在该合伙项目微信群中发布"我错了"言论。李某木向法院提起诉讼,请求汪某武立即停止侵权,删除合伙项目微信群上的侵权信息;向李某木道歉,并在某小区外墙显著位置张贴"道歉信"及合伙项目微信群上发布"道歉信",赔偿精神损害抚慰金10,000元。

法院观点及裁判结果 案涉某合伙项目微信群,除汪某武、李某木外还有其他三名成员,汪某武在该微信群发表辱骂李某木的信息,客观上实施了以侮辱方式损害李某木名誉的行为。现汪某武已删除该信息且在该群发布信息承认错误,因在案没有证据证明该辱骂信息被进一步扩散,该信息传播范围小，损害程度轻微，故一审判决驳回李某木的诉讼请求，李某木不服上诉，二审裁判：驳回上诉，维持原判。

律师分析 本案系一起网络名誉权侵权案件，从李某木的陈述及提供的证据可知，该合伙项目”微信群系为方便5名合伙人间的沟通而创建，该微信群成员为特定的5人，汪某武在该微信群中发布的涉案信息不当言论虽有不妥之处，但其并非向不特定主体散布，且并无汪某武将该条信息向该小区业主扩散并被转发至其他群的证据，无法证明汪某武向社会公众或不特定对象散布案涉信息或言论，汪某武在微信群中发表不当言论的行为已使李某木社会评价降低，给李某木造成相应的损害后果，根据《民事诉讼法》中的“谁主张，谁举证”原则，李某木诉汪某武名誉权侵权不能成立，法院判决驳回请求正确。